ナラティヴ・エデュケーション入門

編著
竹森　元彦
香川大学教育学部

著
伊藤　裕康
香川大学教育学部

若林　教裕
香川大学教育学部附属坂出中学校

河田　祥司
香川大学教育学部附属高松小学校

川田　英之
香川県綾川町立綾上中学校

生きた授業の創造のために、
アクティブ・ラーニング、
主体性、創造性、共同性
の核がここにある。

ナラティヴ
×
エデュケーション
一人一人の物語りは、
未来を生きる力
を育てる。

はじめに

見える効果や成果のためのナラティヴではなく、質的により深く、より真実に迫るような気づきに満ちたナラティヴの生成とはどのようなものであろうか。

またそのような「ナラティヴの機能」モデルを、教育や授業に活かすとしたら、教師にはどのような姿勢が求められるのであろうか？　その理論化は可能であろうか？授業で使えるツールになるのであろうか？

本書の発端は、香川大学教育学部と香川大学教育学部附属坂出中学校、附属高松小学校との共同研究プロジェクトとして、香川大学附属坂出中学校にて、平成28年8月26日、附属高松小学校の河田先生と、綾上中学校の川田先生の授業実践報告をいただき、さらに、竹森がナラティヴ・セラピーにおけるナラティヴの解説を行うといった、放課後のワークショップにはじまった。

香川大学教育学部附属坂出中学校では、それまでに、「物語り」「語り」「ものがたり」に着目した数々の素晴らしい授業実践をおこなってこられていた。私は、そこに心理臨床で用いられている“ナラティヴ”の概念を加えることで見えてくるポイントがあるのではないかと感じた。また、授業や教育場面での児童生徒理解や指導においても、「使えるツール」としてナラティヴの理論化や体系化を進めたいと思っている。その第一弾として、本書がある。本書の取り組みは、「ナラティヴ・エデュケーション」というナラティヴの“生成”を目指した冒険である。

第１章においては、ナラティヴ・エデュケーションという概念についての説明を、香川大学教育学部の竹森が行った。竹森の専門領域は、臨床心理学やカウンセリングであり、家族療法やシステム論的アプローチに力点を置きつつ、ナラティヴ・セラピーにも関心を持っている。

第２章において、香川大学教育学部の伊藤先生に、附属坂出中学校での「ものがたり」に着目した取り組みについて紹介いただいた。伊藤先生は、附属坂出中学校に物語り論を導入された方である。

第３章では、附属高松小学校河田先生に、総合学習における教室と地域との行き来による素晴らしい展開について、10年の教育実践の成果を抽出していただいた。

第４章では、綾上中学校の川田先生の国語教育での実践を紹介してくださっている。詩を通して、言葉が深まっていく様子が見て取れる。川田先生は、附属坂出中学校に所属の時に物語り論による授業を実践され著書としてまとめられている。現在の公立中学校でも物語りを用いた教育の有効性を実感されている。

第５章では、理解教育の中での教師の“問い”と生徒の“物語り”の相互作用しながら深まっていく実践を、若林先生に紹介して頂いた。理科ならではの教材を用いて仕掛けていく。教師の示す姿勢や仕掛け方については、他の先生方と共通する点が多くみられ、興味深い。

各章で、どのように展開したのか、どのような視点にたって、どのような理解のなかでナラティヴを引き出したのか、ナラティヴを引き出す「仕掛け」とはなにか、そのなかでどのように変容するのか？などについて、入門書として骨子を描いていただいた。特に、教師の“こつ”や教師に求められる“姿勢”を抽出していただいた。

第６章は、これらの３つの実践事例を通して、また、附属坂出中学校の山城先生をはじめ多くの先生方との議論を通して、いま教育現場で重視されている「主体性」と「創造性」、「共同（協働）性」の仕組みを読み解くことにつながる「ナラティヴ」の考え方を整理したものである。また、ナラティヴは、「アクティヴ・ラーニング」の核となると考えている。

香川大学教育学部の伊藤先生、附属坂出中学校の山城先生との私の研究室での熱い討議の中で、『ナラティヴなくして、アクティヴなし』という言葉が印象に残っている。

この本が、“ナラティヴ”を参照したいと考えている、多くの教師の方々のお手元に届くことを願ってやみません。

編者　竹森元彦

1章 “ナラティヴ・エデュケーション”とは何か？

Ⅰ なぜ、ナラティヴ × エデュケーションなのか？

1 教育における“ナラティヴ”への着目・未来を育てるナラティヴ

臨床心理学やカウンセリングだけではなく、医療、福祉、社会学などなど多様な領域で最近、“ナラティヴ”という言葉が使われている。医療であれば、根拠に基づいた“エビデンス・ベイスド・メディスン”に対して、“ナラティヴ・ベイスド・メディスン”である。

一瞬の患者との出会いの中にこそ治療を促進する関係性があると考えるからである。高齢化社会において、あるいは、多様な病気や疾患を持ちながら生きる方が多くなる中で、患者との対話の質（一期一会の関係性）の重要性が指摘されている。

私たちが正しいと思っていることはひとつの“ナラティヴ（物語り）”であって、またその“ナラティヴ”によって私たちの過去や現在、そして未来さえも規定されている。「私はこのような人間だ」というナラティヴは自己を規定している。したがって、どのようなナラティヴを児童生徒の内に創造するかが、児童生徒の未来を育てる鍵と言える。

2 ものがたり・物語り・語りに着目した教育実践

一人一人の“ナラティヴ”を大切にすることは、教育において、長い歴史の中で当然であるが重視されてきた。坂出附属中学校における「ものがたり」を重視した取り組み（平成28年、「学ぶこと」と「生きること」をつなぐ「ものがたり」－個が響き合う共同体をめざして－）は、生徒一人一人の描き出す「ものがたり」を核に据えて、子ども同士のものがたりの交流を促す。「ものがたり」の観点から教育の質を高め、一人一人の子どもたちがもつ「ものがたり」を育てる実践・研究が続けられてきた。「ものがたり」に着目することは、一人一人の児童生徒に内に眠るストレングスを大切にすることになる。また、附属高松小学校においても、平成29年2月2日の初等教育研究発表会のテーマは「分かち合い、共に未来を創造する子どもの育成」であった。ナラティヴや物語りという言葉は明確に示されていないが、その核にも、“ナラティヴ”の概念が読み取れる。エデュケーションに、ナラティヴの概念を取り入れることで、附属坂出中学校、附属高松小学校などの実践にみられる、主体性、創造性、共同性の関係性や発生機序を説明できるのではないか。それが説明できるとしたら、生き生きとした授業において“ナラティヴ”が使える概念として、使えるのではないか。本書は、その可能性への萌芽的取り組みである。教師にとっての「指南」となるような本として、附属小学校での議論を整理して、ご紹介したい。

Ⅱ ナラティヴとは何か？

1 授業に活かせる概念としてのナラティヴ

ナラティヴという言葉は、よく聞くが、少々わかりにくい印象がある。日本語で「物語り」と聞くと、絵本や小説が浮かんでくる。授業との関係で「物語り」と言われても、ピンとこないという話をよく聞く。特に、教育や指導という教育上の概念と、「物語り」という概念には距離感があり、違和感を訴える方も多い。

教師が、児童生徒に対して行う関わりと、生徒自身が持っている自己認識のあり方（ナラティヴ）について、どのような関係にあるのかを明確に意識しないと、ナラティヴは、実際の授業で使えるツールになりにくいと言える。

教育実践において、いまさらナラティヴを取り上げずとも、当然ではあるが、これまでも、一人一人の内的物語りがいきいきと活動すれば、それゆえに、児童生徒のなかから主体的に自発性や創造性が創出されてくること、その原理によって児童生徒を育てようとしてきた。

一方で、現代社会において、私たちは目に見える結果を出すことや、効果や評価を競うことが重視されている。そのようなナラティヴが支配的である。医療におけるエビデンスの重視と同じように、問題を設定して効果や成果をあげることが求められる。一方で、医療において、質的な側面や関係性の深さが何よりも治療を促すことも重視されてきた。高齢化社会という、ひとりひとりが個別性のある物語りを有した社会を迎えようとしている。

そのような社会を生きる子どもたちには、ひとりひとりに違い（異なること）があること、その差異こそが、創造性につながる体験をする必要があるであろう。“違い”があるからこそ、相手の話をよく聴きとり、その差にあるストレングスを知り、自分の力を補完するといった他者存在の尊重の考え方がそこに自然と発生してくる。その関係性の力に着目する。

このあたりに、ナラティヴと、一人一人、個性、創造性、共同性、傾聴などの発生機序が見えてくる。ナラティヴは、出会いや物語りといった関係の質を重視する概念である。様々な結果やデータもまた、それらの点と点をつなぎ、どのように読むのかといった“ナラティヴ”によって見え方や捉え方が異なってくる。ナラティヴは、「面白い」「不思議だ」といった生きた活動を生み出す。

2　心的な機能としてのナラティヴ

“ナラティヴ”とは、人がもっている考え方の枠であり、自らの世界を理解するフィルターに例えられる“心的な機能”であるといえばわかりやすい。その人の経験してきた体験や感じてきた歴史（物語り）の総体である。

その考え方は、新たな考え方に変容（新たな考え方を受容すること）ことで、葛藤も生じるが、新しい気づきやそれを通じての自己変革を生む。そのナラティヴという心的な機能によって、人の未来は規定されているともいえる。

従って、これまでの支配的なナラティヴに対して、新たなナラティヴの生成の条件には、人と人の対話と、それを通しての自己理解や自己受容、さらには他者の受容が必要である。対話においては、自己と他者は“上下関係”であるのではなく、対等な関係である必要がある。

そのような〈対話の場〉が求められる。上下の関係にある場では「対話」は成り立ちにくい。パワー構造の上で力のある人のナラティヴが、中心的なナラティヴとなってしまう。これでは、新たなナラティヴの創造は始まらない。むしろ、ドミナントなナラティヴに支配されてしまう。

本稿でいう「ナラティヴ」とは、人が本来持っているそのような心的な機能のことである。

人が生きていく上で世界を理解し、世界をつくるうえで必要な考え方や枠組みのことである。ナラティヴそのものが良い悪いはない（その点で、ナラティヴは評価になじみにくい。）

どのようなナラティヴを構築するのかは、教育のみならず、現在、医療や福祉、心理臨床の場でも問われている。私たち支援者は、児童生徒や患者やクライエントに大きな影響を与えている。その関係性においてパワーをもちがちな私たち支援者の姿勢によって、彼らのナラティヴは、生成も停止をも左右されがちである。従って、私たちはこの心的な機能について、熟知していることが大切である。

Ⅲ　心理臨床にみられる「ナラティヴ・セラピー」の考え方

1　不登校とその症状の意味（ナラティヴ）

心理臨床・カウンセリングを専門とする筆者の領域でも、「ナラティヴ・セラピー」という考え方が重視されてきている。もともと、心理臨床では、心を理解する上で「精神分析」にみられるように物語りを重視してきた。家族の物語りを重視して変化させる家族療法しかり、認知行動療法もまたひとつのナラティヴであるともいえる。日本人と物語りとはたいへん相性がよい。私たちは、物語りを使って、人と人のこころの動きや機微をふかく見事に読み描くことが得意である。

心理臨床・カウンセリングにおいて、症状に至った家族関係やその人の過去の経験の総体から、その症状の意味づけを見出そうとする。例えば、不登校であることが、学校という場から見れば、学校に来ない生徒というナラティヴを生成しがちであるが、その生徒の話をよく聴くと、ご夫婦の喧嘩が絶えず、夫婦の仲を取り持つ意味で子供が症状を呈しているという“ナラティヴ”がある場合も多い。この場合、積極的に夫婦一緒に相談を受けて夫婦連合を高めていくと、不登校をする必要性もなくなる。ナラティヴ（物語り）に着目すると、問題の見え方（関係の質）が深まる。

人に内在するナラティヴは、他者との対話によって気づき、その気づきを取り入れ・変容していき、それらの矛盾を統合する上での新たな疑問が生まれ、その疑問を解消することによって、あらたな意味づけ（ナラティヴ）が生まれてくる（生成される）。そこには、円環的・発達的・弁証法的なプロセスがある。

2　児童生徒のナラティヴの生成に求められる教師の姿勢とは？

ナラティヴの生成の過程では、ある特定の考え方を強制できるものではなく、想像もしえないような気づきが生まれる。まさに「生成」といってよい。イメージとイメージの組み合わせによって創造性、想像性が促進される。

その人の過去の経験や専門性、立場によって個体差があり、個別性が強い。違い・差異があるゆえに、面白くなってくる。面白さや遊びには、ヴィゴツキーが指摘する「発達の最接近領域」がある。

このようなナラティヴの生成は、「現実」と「遊び」の間で生じてくる。従って、ナラティヴとは、どのような方向性に転じていくのか読み切れないことが前提である。一方で、そこには可能性や創造性がある。また、さらには、自分のわからない点は、対話によってさらに補おうとする。

新たなナラティヴの生成のためには、先が見えない今を「共に生きる」ことが、教師に求められる。例えば、ナラティヴを引き出す有効な考え方として、「無知の知」がある。児童生徒のナラティヴを、私たちは知らないということである。だから、児童生徒の気持ちを「傾聴」することが必要である。

Ⅳ 「無知の姿勢」という教師の姿勢、そして、仕掛ける

1 無知の姿勢

例えば、教師は自分があるテーマについて「先生には、よくわからないからどう思う？」と問う。これは、児童生徒に主導権をわたすことである。児童生徒は、自分の問題として考え始める。教師と児童生徒の関係が、対等になったといえる。そのとき、教師は、コンサルタント的に児童生徒の集団に関わる。

ナラティヴの生成をねらった授業の〈場〉は、生徒は、指導を受けるという受動的な〈場〉ではなく、自分の気持ちに目を向けるので、生徒にとって主体的な〈場〉へとかわってくる。

2 “仕掛け”と仕掛けること

とはいうものの、「教室」という教える〈場〉は、“指導を受ける”というナラティヴを強くもっているので、それを超える“主体性”を持てるような、何らかの“仕掛け”を、教師は意図をもって設定する必要がある。

本書において、実践事例を提示された先生方は、それぞれの専門の立場で、児童生徒が力を発揮する「仕掛け（仕組み・文脈・枠）」を設定して、子どもたちに、仕掛けている。

その“仕掛け”によって、児童生徒にとって、教室は“指導を受ける”〈場〉ではなく、自己と格闘をする〈場〉として認識し始め（新たなナラティヴの生成のはじまり）、その認識が主体性を生み、子どもたち相互の“共同（協働）”へとつながっていく。

Ⅴ 「アクティブ・ラーニング」の核としての“ナラティヴ”

1 アクティブであることのリスクを引き受けること

そうしてはじめて、アクティブなラーニングが生じてくる。

グループでの話し合いで、もしナラティヴの活性化が生じない場合、よい意見

と悪い意見の対立関係が生じて、その関係のまま膠着してしまう可能性がある。グループ討議によって、逆に、考え方の膠着がうまれるのである。グループでの話し合いのなかで、同時に、自己の内面に目をむけ、そこから自己のナラティヴとの対話が生じてくるような「場づくり」が必要である。アクティヴ・ラーニングのためには、ナラティヴの活性化が必要である。

同時に、そのようなアクティブな〈場〉には、先が読めないリスクがある。新たなナラティヴが生成されてくるわけであるから、話があっちにいったり、こっちにいったり、収拾が付かないことになりかねない。まとまりがなく、矛盾している反応が生じてくる。しかし、それが悪いわけではない。

2 「傾聴」がなぜ必要なのか？

そのとき、重要なのは「傾聴」であろう。

ある人の意見をきいて、面白い発想が湧く、その人の話をもっと聞きたいという姿勢である。つまり、傾聴の“ほんとうの”重要性について、教師自身が良く知ることが大切である。児童生徒が表現している真意を知り、そこに焦点化させる。深い、アクティブなリスニングが必要である。“真意”とは、語られたストーリー（内容）ではなく、その背景のナラティヴに含まれる「感情」である。ともすると、ストーリーにだけ着目しがちであるが、問題は、「なぜ、そのストーリーにいきついたのかの個人の歴史」（背景）であろう。その際、“感情に焦点化”することが重要である。

決まり切ったよい子としてのストーリーを述べているのか、その子の本心のストーリーを述べているのか、それはその児童生徒の感情に焦点化しないと読めない。本心のストーリーは矛盾や葛藤が含まれている。それゆえに、「ヒア＆ナウ（いま、ここで）」で、何を感じているのかを視る・聴く・問う。

そのような児童生徒の感情の動きは、具体的には、楽しい・嬉しい・悲しい・寂しい・恥ずかしい・絶望的だ・誇らしいなどの複雑な感情によって彩られる。従って、言葉に輝きがある。

3 悲しみ・喜びの感情の源泉・背景に目を向けていく

同じストーリーであっても、感情の活性化があるのかどうかが、生きた言葉であるかどうかの違いとなってくる。さらに、そのような悲しみや喜びの感情は、その児童生徒のどのような家庭環境や友達関係からきているものか。そのように、生活全体の文脈の中に位置付けることによって、教室での関係性を超えて、児童生徒の生活の悩みや困難さの“再演”として理解することもできる。その感情の持ち方には、その児童生徒の経験してきた歴史が表現されているといえる。

4 「語り」を受け止めて（傾聴して）もらったことによる「つながり」

教師にとって、悲しみや喜びの理由が見えてきたときに、「わからないナラティヴ」ではなく、「わかるナラティヴ」として共有される。そのストーリーの内容はどうあれ、その個人がもつ必然で意味のあるナラティヴとして受容されたら、その児童生徒と教師の間には“つながり”が生まれるであろう。受容された児童生徒は、他の児童生徒の語るナラティヴにも目を向けるであろう。また、自らのナラティヴを語ったことで、自分に潜在してきたナラティヴにも気が付くであろう。

もっと、新しいナラティヴ（語り）を表現したい、他の人のナラティヴ（語り）を知りたいという主体性を生み、他の児童生徒の意見にも傾聴するのではないか。さらに、新しい物語り（ナラティヴ）が生成され、その面白さゆえに、あらたな物語り（ナラティヴ）を目指した実際の活動が展開されていく。

（竹森　元彦）

2章　香川大学教育学部附属坂出中学校の教育実践研究から「ナラティヴ・エデュケーション」を学ぶ

はじめに

筆者は「物語り」[1)] を活用した授業研究を1990年代後半から開始し，2008年頃から現在まで物語構成学習論の確立に努める中で「ナラティヴ・エデュケーション」に至った[2)]。2012年度から2015度まで，香川大学附属坂出中学校（以下附属坂中）の校長を勤め，同校の「ナラティヴ・エデュケーション」と関わる機会を得た。同校は，筆者が校長になる2009年頃から「ナラティヴ･エデュケーション」を指向していた。これは全くの偶然，天の配剤である[3)]。

本章は，筆者の校長在職中の見聞も交え，極力思い入れを廃し，客観的な立場で附属坂中の教育実践研究から，「ナラティヴ・エデュケーション」を行う際の示唆を得ようとした。しかしながら，前述した事情から，筆者の書きぶりに附属坂中の「ナラティヴ･エデュケーション」に対する思い入れがないとも限らない。批判的に読んでいただければ幸いである。

Ⅰ　「学ぶこと」と「生きること」を一体として　－「ナラティヴ・エデュケーション」の復興を－

附属坂中は，隔年で教育研究発表会を開催し，その際に研究紀要を発刊している。同校の2006年度の研究主題に注目すべき「『学ぶこと』と『生きること』」が登場した。2006年度は，「豊かな学びを育むトータルカリキュラムの創造－『生きること』と『学ぶこと』の統合をめざして－」であった。2010年度には，「『学ぶこと』と『生きること』の統合をめざして－主体的に学び続ける集団へのアプローチ－」となり，「学ぶこと」と「生きること」が入れ替わっている。以後，2016年度の「『学ぶこと』と『生きること』をつなぐ『ものがたり』－個が響き合う共同体をめざして－」まで，一貫してテーマに「『学ぶこと』と『生きること』」を掲げ，そのためのカリキュラムを提案し続けている。

一貫して掲げられたテーマ「『学ぶこと』と『生きること』」は，「ナラティヴ・エデュケーション」の基本的な立場を表す。学校も寺子屋もない時代，物事を熟知している地域の年寄り，長老を囲み，彼の語りから若者は様々なこと，人生の智恵を学んだ。この時代には，「学ぶこと」は「生きる術」を獲得することであり，「学ぶこと」は即「生きること」であった。ところが，社会が発展し，学校制度も整備されるにつれ，学校は社会から隔離されていき，学校で学んだことは社会に出てから役に立たないとまで言われるようになってしまった。「学ぶこと」と「生きること」が分離したのである。

「学ぶこと」と「生きること」が一体となっていた時代は,「物語り」によって教育が行われていた。教育のプリミティブな形として,「物語り」による教育,すなわち「ナラティヴ・エデュケーション」があったと言える[4)]。社会に開かれた学びが叫ばれる昨今,「ナラティヴ・エデュケーション」の復興が求められていると言えよう。なぜなら,学びが社会に開かれていなければ,「学ぶこと」は「生きること」とは到底言えず,「学ぶこと」と「生きること」が一体となっていればこそ,学びが社会に開かれていると言えるからである。このように「学ぶこと」と「生きること」を一体として捉えるべきであるという考えは,「ナラティヴ・エデュケーション」の基本的な主張,思想と言って良い。

Ⅱ　附属坂中の「ナラティヴ・エデュケーション」とアクティブ・ラーニング

後述するように,附属坂中は2012年度以来「自立した学習者」の育成をめざして来た。これは,アクティブ・ラーニングは人生を主体的に切り拓いていく学びの主体者形成の提起であるとする考え方と通底する[5)]。附属坂中の高木由美子校長は,「『アクティブ・ラーニング』に正対する,本校独自の『生徒が学びの主役となる』ためのアプローチが『ものがたり』の授業であるとも言えます。」(香川大学附属坂出中学校2016, まえがき) と述べている。附属坂中の「ナラティヴ・エデュケーション」とアクティブ・ラーニングは,基底となる考え方で一致していると考えられる。それは,同校が,平成28年度に「教科等の本質的な学びを踏まえたアクティブ・ラーニングの視点からの学習・指導方法の改善のための実践研究」の研究委託を受けたことからもうかがえる。附属坂中の「平成28年度文部科学省研究委託に係わる実践協議会 (2017/2/21)」で示された資料から,同校の「ナラティヴ・エデュケーション」とアクティブ・ラーニングとの関係について検討していく。

附属坂中の「ものがたり」の授業は,社会構成主義の学習観に基づく。この学習観は,「白紙の状態の学習者に,科学的・客観的知識を蓄えていく」従来の学習観と違い,知識や現実は客観的に存在するのでなく,人々のコミュニケーション (言語) によって初めて学習者の中に構成されるというものである。

附属坂中は,従来の学習観と社会構成主義の学習観を対比して捉えている。従来の学習観では,学習者は一方的に知識を注入される受け身の存在であった。指導者はいかに効率的かつ正確に学習者に知識を教授，伝達するかを考え，工夫する。表面的には子どもが活動したり，対話したりする場合でも，学習の主体は常に指導者にある。一方，社会構成主義の学習観では，指導者は学習者にとってリソースの一つである。学習者は，課題に向き合い，自己の体験や既有知識，素朴概念などから，まず自分なりの筋道だった考え（知識）を構成する。

附属坂中では，学習者が，課題に向き合い，自分なりの筋道だった考え（知識）を構成することが，学習者それぞれの「ものがたり」だと捉える。さらに，附属坂中では，自ら指導者や他者，そして教材に主体的に関わり対話し，新たな筋道だった考えを生み出していくように，「ものがたり」は「知識を構成するプロセス」なので，理数系の客観的な内容でも，一人ひとり個別のものになると言う。そして，一人ひとりの生徒が学習の主体になると，捉えている。

以上のことを図示すれば，図１及び図２のようになる。

たとえ客観的な内容でも，個々の生徒が個々に物語を紡ぎ出し，各自が物語の主人公になることから，学習の主体となることができると捉えているのである。では，なぜ客観的な内容であっても，個々の生徒が個別に物語を紡ぎ出すか。それは，「課題に対する既有知識や体験，素朴概念は一人一人違う。だから一人一人が学びの主体にならなければ『ものがたり』は成立しない。」（香川大学教育学部附属坂出中学校2017）からである。

「一人一人が学びの主体にならなければ『ものがたり』は成立しない」こと以外に，附属坂出中は，「ものがたり」の成立を次のように捉えている。グループ学習で同じ考えの他者の意見を聞き，自分の気づかなかった根拠を取り入れる。パネルディスカッションで自分と異なる考えの根拠を聞き，疑問点を質問し，自分の考えを述べる。このような対話がなければ「ものがたり」は成立しない。こ

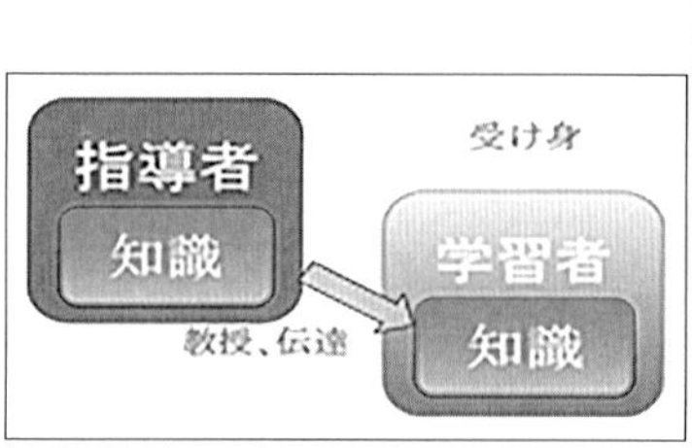

図1 従来の学習観による授業の様相
（香川大学附属中学校2017を一部修正）

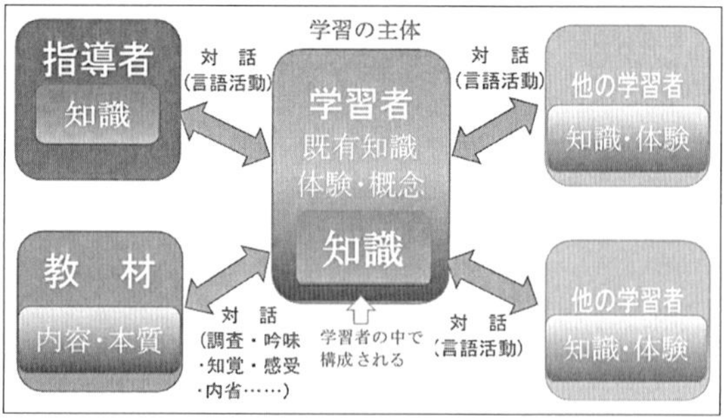

図2 社会構成主義的学習観による授業の様相
（香川大学附属中学校2017を一部修正）

の対話によって「ものがたり」は学習が進むほど，より深く書き換わっていく。課題について様々な意見を参考にし，何度も何度も考え直す。また，学んだ過程を振り返って整理する。このような深い学びがなければ「ものがたり」は成立しない。

以上のことから，附属坂中は，「ものがたり」を踏まえた授業の成立条件に，次の３点を挙げる。

- 個々の生徒が学習の主体として他者や教材に関わること
- 他者や教材との関わりは常に双方向の対話（聴く・問うなど）によって行われること
- 対話と振り返りを繰り返すことで，より深い新たな「ものがたり」を生み出すこと

３条件は，文部科学省の「主体的･対話的で深い学び」というアクティブ･ラーニングの視点と合致する。それ故，附属坂中では，「ものがたり」の授業は必然的にアクティブ・ラーニングになると捉えている。さらに，附属坂中は，「ものがたり」の授業が，教科等の本質的な学びを踏まえたアクティブ・ラーニングになることを示すため，アクティブ・ラーニングと「ものがたり」の授業の視点を整理している（表１）。表１から，附属坂中の「ナラティヴ・エデュケーション」とアクティブ・ラーニングの関係を，今少し検討してみる。なお，表１の「文部科学省の構想するアクティブ・ラーニング」の番号は筆者がふった。以後，文主①や坂主①と略記した際は，文主①は，「文部科学省の構想するアクティブ･ラーニング」の主体的な学びの①を示す。坂主①は，「附属坂出中学校の『ものがたり』の授業」の主体的な学びの①を示す。

文主①の具体的な子どもの姿にあたるものが，坂主②と坂主③である。また，坂主①のように子どもが学習の主体となるには，文主①が必要である。文主②については，附属坂中の実践研究のテーマが「『学ぶこと』と『生きること』」であったこと，なにより「ものがたり」が自己形成と関わっていることから合致していると言える。文主③の子どもの学びの姿は，坂主③の子どもが「思考を巡らせ，挑戦しようとしている」姿と通底する。文主④も，「ものがたり」が学びの振り返りそのものであったことから，合致していると言える。文主①～④の学びの姿が附属坂出中学校の「ものがたり」の授業の「主体的な学び」の視点に対応している。附属坂出中学校の「ものがたり」の授業には，文主⑤の主体的な学びが実現

表1　アクティブ・ラーニングの視点と「ものがたり」の視点との対応

	文部科学省の構想するアクティブ・ラーニング	附属坂出中学校の「ものがたり」の授業
主体的な学び	①学ぶことに興味や関心を持ち，②自己のキャリア形成の方向性と関連づけながら，③見通しを持って粘り強く取組み，④自らの学習活動を振り返って次につなげる⑤「主体的な学び」が実現できているか。	①学習の主導権（主体）が生徒にあるか。 ②自ら，ひと，もの，ことに関わっていく活動になっているか。 ③自ら課題に向き合い，思考を巡らせ，挑戦しようとしているか。
対話的な学び	⑥子供同士の協働，⑦教員や地域の人との対話，⑧先哲の考え方を手掛かりに考えること等を通じ，⑨自らの考えを広げ深める⑩「対話的な学び」が実現できているか。	多様な個の文脈の中で ①クリティカルに聴き合い，問い合えているか。 ②対等な関係で語り合えているか。 ③生活の言葉※や教科の（本質の）言葉で語り合えているか。 ※「生活の言葉」とは，「子どもなりの言葉」や「身近な，日常で使っている言葉」のこと。
深い学び	⑪各教科等で習得した知識や考え方を活用した，「見方・考え方」を働かせて，⑫学習対象と深く関わり，⑬問題を発見・解決したり，⑭自己の考えを形成したり，⑮思いを元に構想・創造したりする⑯「深い学び」が実現できているか。	①自己を振り返り，語り直すことで，新たな自己に気づけているか。 ②教科の本質を踏まえ，実感を伴う深い理解となっているか。 ③意味付けしたり，価値を実感したりしながら，自分なりの新たな筋道を生み出せているか。 ④自己の中に新たな学びや考え方が生まれ，自分の言葉として表出されているか。

（香川大学教育学部附属坂出中学校2017を修正）

できる基盤があると言える。なにより，坂主①で，子どもが学習の主体であるか否かが問われるのだから，そのことは当然とも言える。

文対⑥～⑧は，表1には示されていないが，後述する附属坂出中学校の「ものがたり」の授業における「三位一体の対話」そのものである。しかも，その対話の質が坂対①～③のように問われ，質の担保までされていて，文対⑨にも対応している。従って，附属坂出中学校の「ものがたり」の授業には，文対⑩の「自らの考えを広げ深める『対話的な学び』が実現できている」と言える。

文深⑪は，坂深②の「教科の本質を踏まえ」に対応する。文深⑫は，坂主②と関わる。文深⑬の結果，坂深④のような学びの姿が生まれる。文深⑭は，坂深①と坂深③に対応する。文深⑮は学んだことから未来をつくることである。「ものがたり」が過去－現在－未来の時間構造を意識させる中で，坂深②～④をねらう故に，附属坂出中学校の「ものがたり」の授業は文深⑮を射程に入れている。以上，附属坂出中学校の「ものがたり」の授業は，文深⑯の「『深い学び』が実現できている」と言える。

Ⅲ 附属坂中の実践研究の変遷から学ぶ「ナラティヴ・エデュケーション」深化の様相

アクティブ・ラーニングと正対した学習になり得る附属坂中の「ナラティヴ・エデュケーション」は，如何に構築されてきたのか。「ナラティヴ・エデュケーション」の基本的な主張，思想と関わることは2006年度の研究紀要から見ることができた。ただ，「語ること」といったような「ナラティヴ・エデュケーション」と直接係わるタームが登場するのは，2010年度以降である。そこで，2010年度以降の各年度の研究紀要の総論から，同校の「ナラティヴ・エデュケーション」の深化の様相を見ながら，「ナラティヴ・エデュケーション」を進める際のポイントを抽出してみる。引用文中のゴシックは筆者。

1 「『学ぶこと』と『生きること』の統合をめざして－主体的に学び続ける集団へのアプローチ－」（2010年度）の実践研究から学ぶ

同校では，「これまで，学ぶ意欲を高めるには確かな知識･技能の習得と同時に，自己の学びの意味や価値を実感させることが不可欠であるとして研究を続けてきた」（香川大学教育学部附属坂出中学校2010，p.5）。そして，「生徒自身に自分にとって学びの意味や価値を実感させる取り組みを重ねていくことが，『学ぶこと』と『生きること』の統合につながり，これからの時代を創造していく生徒に，『生きる力』を育んでいくことだと考えている」（香川大学教育学部附属坂出中学校2010，p.2）。附属坂中の実践研究は，まず**「学ぶ意欲の重視」**という基本的な構えがあった。学ぶ意欲を高めようとするうちに，「自己の学びの意味や価値の実感」の大切さが明らかとなり，さらに学びの意味や価値を実感させる取り組みを続けて，**「『学ぶこと』と『生きること』の統合」**に帰着したのである。

（1） 育てるべき子ども像とカリキュラムについて

2010年度の研究は，**「自己の『学びの文脈』」**づくりをすることにより，生涯にわたって主体的に学び続ける人間を育成するカリキュラムが構想された。従来の教師主導の一斉学習で教科の基礎的・基本的な知識や技能の習得を図る共通学習Ⅰ，問題解決的な学習を中心として，共通学習Ⅰで習得した基礎的・基本的な知識や技能を活用することに重点化した共通学習Ⅱをそのまま残し，それまでの3学年合同で実施していた教科の発展学習であるシャトル学習を，各教科の共通学習と新設した総合学習CANとを結びつける意味合いを持つように修正した。新設したCANの「Cは異学年合同の小集団であるクラスター（Cluster），Aは自分のクラスター内だけでなく，他のクラスターとも交流しながら多様な学びを行う『協同的な学び』の方法であるアクションラーニング（Action Learning），Nはここでの学習における自らの考え方や自らの実感を『語ること』を意味するナラティヴ(Narrative)の頭文字をとっている」(香川大学教育学部附属坂出中学校2010，p.7)。CANは，「正統的周辺参加論」[6]を踏まえ，「各教科での学びを生かしながら，自らの課題を発見し，探究し，その成果を発表し，評価を受ける。まさに現実の社会での活動を模した学習であり，『学ぶこと』と『生きること』の結びつきを実感できる学習」(香川大学教育学部附属坂出中学校2010，p.7)とした。また，CANは，「『可能性』と言う意味を持ち，生徒自身が可能性を見出していく学習としての位置づけも持たせている。」(香川大学教育学部附属坂出中学校2010，p.7)。

（2）　授業方法などについて

先のカリキュラムに基づき「学びと自己の内面世界とのつながりを意識させ，その中で学びが自分にとってどんな意味や価値があるかを感じさせる方法として，**『語ること』**ことを用いた学びの振り返りを提案」（香川大学教育学部附属坂出中学校2010，p.11）する。「語ること」は，「学びを自己の文脈に引きつけて表現すること」（香川大学教育学部附属坂出中学校2010，p.5）とされた。**「自己の学びの意味や価値の実感」**させる有力な方法として，「学びを自己の文脈に引きつけて表現する」「語ること」を見いだしている。しかも，「一人一人がそれぞれ学びの文脈を持った存在であるならば，学習場面において，見方や考え方，感じ方も一様ではない。教師が授業を行う際には，この生徒の学びの文脈を把握しておくことが重要である。」（香川大学教育学部附属坂出中学校2010，p.9）と，**「個へのまなざし」**が見られる。さらに，CANの探究活動中に学んだ内容とともに気付きや自分の感じたことなどを綴らせるノート「CANLOG」を，「自分自身の研究の物語」と位置づける（香川大学教育学部附属坂出中学校2010，p.11）。明確に意識されていないが，**語ったものとしての「物語」**への着目がある。ただ，「**異なる文脈を持った他との交流の場**を持つことで，自己の変容は明確になり，それぞれの**個の学びの再文脈化**が促進されると考える」（香川大学教育学部附属坂出中学校2010，p.10）と集団へのアプローチに着目するが，「語り合う」ことで共同の物語を紡ぎ出すには至らない。

2010年度からは，以下の「ナラティヴ・エデュケーション」を進める際のキーワードが挙げられる。

・「『学ぶこと』と『生きること』の統合」　・「学ぶ意欲の重視」
・「自己の学びの意味や価値の実感」　・「自己の『学びの文脈』」
・「異なる文脈を持った他との交流の場の設定」　・「個へのまなざし」
・「個の学びの再文脈化」　・「語ること」　・「語ったものとしての物語」

2 「『学ぶこと』と『生きること』の統合－かかわり合う中で，自らの学びをつむぐ－」（2012年度）の実践研究から学ぶ

（1） 育てるべき子ども像とカリキュラムについて

「自立した学習者」の育成がめざされた。「学ぶ意味や価値を実感するためには，学習者が自身の体験や既存の認識と，新たに学んだ知識や情報とを関連づけながら再構成していく過程が重要である。」（香川大学教育学部附属坂出中学校2012，p.2）として，**対話と内省**が研究の主眼とされた。交流の中で気づきを生み出すことから対話に着目したのである。「交流と対話による『かかわり合い』を重視した学習場面を『学びの横軸』，そこでの学びを自己内対話による内省によって自己理解し再構成する『学びをつむぐ』営みを『学びの縦軸』ととらえる。その両軸を織りなすカリキュラムを構築し，「『学ぶこと』と『生きること』の統合」を図る」（香川大学教育学部附属坂出中学校2012，p.3）ことをめざした。2010年度に大幅に変えた「シャトル学習での学びがCANに十分に活かされていないという課題が明らかとなった。同時に，CANの実態からは，探究に必要なスキルが生徒に身についていないこともわかってきた。」（香川大学教育学部附属坂出中学校2012，p.9）。そこで，シャトル学習を「探究に必要なスキルを学び，それらを活用して探究シミュレーションを体験する場」（香川大学教育学部附属坂出中学校2012，p.9）とし，段階的に探究の手順や技能を習得するようにした。

（2） 授業方法などについて

「認識の再構成は自分と他者，自分と教材，自分自身とのかかわりの中で行われていく」(香川大学教育学部附属坂出中学校2012，p.2）とされた。その際，「『かかわり』とは，他者との対話であり，教材との対話であり，自己との対話である。またそれらの行為を支える教師との対話でもある。」（香川大学教育学部附属坂出中学校2012，p.2）とされた。また，「対話は他者との間でのものだけではな

い。**『自己内対話』**こそ『考える』という知的行為ではないだろうか。すなわち，生徒と教師が対話し，生徒と生徒が対話し，生徒と教材がすることが，個々の内面における『自己内対話』へと深化し，発展していくのである。」（香川大学教育学部附属坂出中学校2012，p.15）とされた。ひと（自己も含む）･もの･ことの**「三位一体の対話」**が考えられたと言える。中でも，「自己内対話」が重視された。

2010年度時点で「自分自身の研究の物語」と位置づけた「CANLOG」を，「研究を振り返り，研究への取りかかりから研究終了までをナラティヴ・アプローチの手法を用いて『CAN物語』としてまとめる。」（香川大学教育学部附属坂出中学校2012，p.12）として，「ナラティヴ・エデュケーション」の色彩を強めた。CANのNもNarrativeからNarrative Approachとなり，「振り返りを語りの視点からとらえなおす自己理解法」（香川大学教育学部附属坂出中学校2012，p.12）となった。また，「課題に対する個々の考えを事前に把握し，考えが異なる者同士のグループを仕組むことも教師の重要なかかわり方の一つである。」（香川大学教育学部附属坂出中学校2012，p.13）として，「個へのまなざし」を向けることから**「個と個のかかわり合い」**への着目に向かっている。

2012年度からは，以下の「ナラティヴ・エデュケーション」を進める際のキーワードが挙げられる。

・「『学ぶこと』と『生きること』の統合」　・「学ぶ意欲の重視」
・「自己の学びの意味や価値の実感」　・「自己の『学びの文脈』」
・「個の学びの再文脈化」　・「語ること」　・「語ったものとしての物語」
・「自立した学習者」　・「対話と内省」　・「自己内対話」
・「三位一体の対話」　・「個と個のかかわり合い」

3　「『学ぶこと』と『生きること』の統合－語り合う中で，自己の『ものがたり』をつむぐ－」（2014年度）の実践研究から学ぶ

附属坂中に着任し，すぐに筆者は，同校の実践研究と物語構成学習との近さを感じた。「物語り」と正対して実践研究を進めれば，「学びの横軸」と「学びの縦軸」の拡充が出来ると考えた。「物語り」には「物語り合う」ことでかかわり合いを深め，ともに「物語」を紡ぐ「学びの横軸」と，現在－未来－過去を往還した自己内対話によって自己を再構成する「学びの縦軸」がある。さらに，中学時は「個性をさぐる時期」であり，前期中等教育の大きな課題は自己形成に係わる

課題である「自分とは何か，自分は今後どんな道に進んで，自分の力を発揮できるか」を考えることである（安彦1997，pp.322－324)。「物語り」がそれらの課題を解決するのに大いに資することができる。そこで，筆者は，研究部長から次期の研究主題などを相談されるたびに，以前からある「ナラティヴ・エデュケーション」へのまなざしを一段と強め，「物語り」を押し出した研究を2013年度から進めることを勧めると同時に，研究集会でも同様の発言をした。2013年度と2014年度は，**自己の「ものがたり」をつむぐ**授業とカリキュラムを構築することで，**「『学ぶこと』と『生きること』の統合」**を図った。

（1） 育てるべき子ども像とカリキュラムについて

2014年度は，**「学び続ける自立した学習者」**の育成をめざし，従来のシャトル学習を異教科の教師ペアで行い，一段と教科を総合した探究的な学びの場とした。さらに，田中（2010，pp.135－136）の学力をめぐる**3領域（日常の経験を中心とした「経験知」，人生や社会を時間的な見通しの中で捉える「物語知」，「物語知」や「経験知」を分析して得られる「分析知（要素知）」）と2次元（領域ごとにある意識化されていない暗黙知**と**意識化された明示知**）を踏まえ，分析知の習熟を図る共通学習Ⅰと共通学習Ⅰの成果を活用した学びの深化に重点を置く共通学習Ⅱとの繋がりを図る中で，「分析知」と「経験知」，さらに「物語知」との関係を他者との相互関係の中で充実させれば，確かな学力が図られるとした（香川大学教育学部附属坂出中学校2014，pp.22－23)。教科学習に共通学習ⅠとⅡがある明確な説明づけである。「ナラティヴ・エデュケーション」の立場からカリキュラムの考え方を整理したものである。

（2） 授業方法などについて

二つのことに重点を置かれた。一つ目は，「わかる，できる」ことが必ずしも学ぶ意欲につながるとは限らないとし，「学ぶことの価値の実感を重視する」ことである。そこで，「学ぶことの『意味』」と「学ぶことの『価値』」の定義を明確にした。つまり，「学ぶことの『意味』とは，対象，他者，自己とのかかわりの中で，これまでの自己の学びを解体し，異なる新しい意味を見出すことであり，理解と変化による知性的な結びつきである。」（香川大学教育学部附属坂出中学校2014，p.5)。「学ぶことの『価値』とは，結びついた新しい意味を自己に引きつけて内化することであり，感性的な結びつきである。」（香川大学教育学部附属坂出中学校2014，p.5)。二つ目は，**「学ぶことを文化・社会，歴史，生態的文脈の中に位置づける」**ことである。「文化・社会，歴史，生態的文脈とのかかわりを生徒の学びの文脈の中に位置づけること，教師はその結びつきやかかわりを意識した授業を行うことで，生徒は，より『学ぶこと』の価値を実感し，学び続ける生徒の育成につながるのではないか」（香川大学教育学部附属坂出中学校2014，p.6）と考えた。これは，「物語論」を踏まえられている[7]。

研究の中核に「学ぶことの意味づけ価値の実感により自己の学びをつむいでいく」という「『学ぶこと』と『生きること』の統合」を置いた。そして，「『学ぶこと』と『生きること』の統合」のために**「語り合う中で自己の『ものがたり』をつむぐ」**授業がめざされた。「重要なのは，自己と世界との関係を『私』でとらえていくこと。主体的な自己が対象とかかわっていく中で自己を理解していく過程，自己の学びを自己の言葉で語り表現することである。」（香川大学教育学部附属坂出中学校2014，p.7）とされた。「『語る』行為と語られた『物語』の両義を含むものとして『ものがたり』と称す。また，二つの以上の経験を有機的に結びつけ，知性的思考による学ぶことの意味づけや感性的思考による学ぶことの価値の実感を自己に引きつけて理解し，自己理解を図る学習行為，とりわけ学ぶことの価値の実感を重視した学習行為を『自己の「ものがたり」』をつむぐ」（香川大学教育学部附属坂出中学校2014，p.8）とされた。自己の「ものがたり」をつむぐ授業づくりの方向性として，「生徒一人一人が語る自己の『ものがたり』を足場にし，実証的な根拠に基づきながらも，具体的な学びの文脈の中で生徒自身の過去や未来にかかわることを各自に語らせ，それらの『ものがたり』を集団で擦り合い，文化・社会，歴史，生態的文脈と突き合わせていく授業」（香川大学教育学部附属坂出中学校2014，p.11）が打ち出された[7]。さらに，「語り合うことは，自己の『ものがたり』をつむぐ中核である。」（香川大学教育学部附属坂出中学校2014，p.12）とされた。従って，自己の「ものがたり」をつむいでいくために，教師は，**「真正の文化や社会とのつながりを実感できる課題設定」**をしたり，「教師も生徒たちも**『主体－主体』関係**としてかかわり合いつつ，問いかけたり答えたりといった経験を築くこと」という**「ものがたり」共同体**成立への教師の有効なかかわりも問われた。2012年度の「自己内対話」から「自己のものがたりをつむぐ」となっているように，2014年度は，「ナラティヴ・エデュケーション」の色彩がさらに強まっている。また，2012年度はそれまでなかった「学校文化」を扉写真で紹介するが，総論への明記はない。2014年度は**「学校文化を参照して**

自己の「ものがたり」をつむぐ」ことが明記された（香川大学教育学部附属坂出中学校2014，pp.28－29)。ホリスティク・アプローチによる「ナラティヴ・エデュケーション」の胎動とも捉えられる。

2014年度の研究から，以下の「ナラティヴ・エデュケーション」を進める際のキーワードを挙げる。

・「『学ぶこと』と『生きること』の統合」　・「学び続ける自立した学習者」
・「学ぶ意欲の重視」　・「自己の学びの意味や価値の実感」
・「自己の『学びの文脈』」　・「個の学びの再文脈化」　・「語ること」
・「語ったものとしての物語　・「三位一体の対話」・「個と個のかかわり合い」
・「学ぶことを文化・社会，歴史，生態的文脈の中に位置づける」
・「３領域（「経験知」，「物語知」，「分析知（要素知）」）と２次元（領域ごとにある暗黙知と明示知)」　・「語り合う中で自己の『ものがたり』をつむぐ」
・「真正の文化や社会とのつながりを実感できる課題設定」
・「『主体－主体』関係」　・「ものがたり共同体」
・「学校文化を参照して自己の「ものがたり」をつむぐ」

4　「『学ぶこと』と『生きること』をつなぐ『ものがたり』－個が響き合う共同体をめざして－」(2016年度）の実践研究から学ぶ

2014年度にも「ものがたり共同体」を提案していたが，とりあえず提案した段階だった。2016年度は，「個が響き合う共同体をめざして」と記すように，2014年度の研究を引き継ぎ，深化を図った。

(1)　育てるべき子ども像とカリキュラムについて

育てるべき子ども像は「自立した学習者の育成」とか，「生涯にわたって学ぶ意欲を育む生徒」程度の記述である。「学び続ける自立した学習者」像が継承されたと考えられる。「習得，活用，探究のつながりを円滑にし，共通学習でうまれる『ものがたり』を一層深めていくカリキュラム」であり，大きな変更はない(図３)。ただ，「『ものがたり』を一層深めていくカリキュラム」(香川大学教育学部附属坂出中学校2016，p.18）として，「ナラティヴ・エデュケーション」の色彩が一層強まった。また，CANを，「私たちの身のまわりの世界すべてを対象に，興味ある内容を探究し，自らの可能性を拡げていく附属坂出中学校だけの学習である。」とし，より探究的なもの，より社会に開かれたもの，より自己を形成するものに位置づけた。

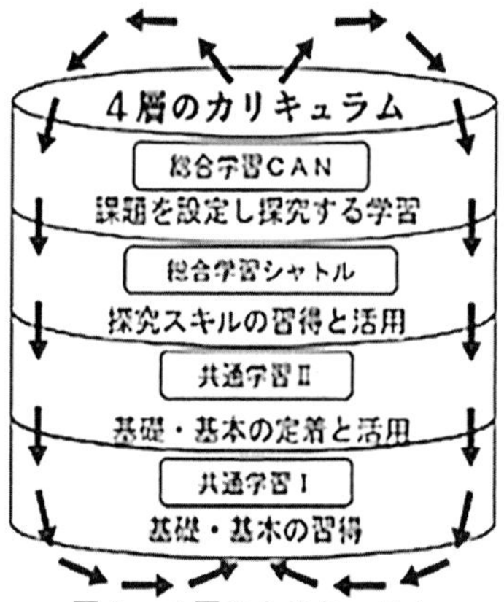

図３　４層のカリキュラム
（香川大学教育学部附属坂出中学校2016）

(2)　授業方法などについて

まず，「『学ぶこと』と『生きること』が乖離し，学ぶ意欲が育まれていない状態」を問題視する。「『学こと』と『生きること』をつなぎ，生涯にわたって学び続けたいという意欲を育んでくれるものが『ものがたり』である。」（香川大学教育学部附属坂出中学校2016，p.3）。「ものがたり」の授業を，「**時間構造（過去⇔現在⇔未来）を意識させる**中で，多様な文脈（考えや経験，状況）をもった者同士が，**教科のことばと生活のことばを行き来する語り合い**で，題材に対する新たな気づきや，実感を伴う深い理解のある授業」（香川大学教育学部附属坂出中学校2016，p.9）と，定義する。３つのことに重点を置き，研究を進めた。

一つ目が，**「個の文脈から新たな『ものがたり』が生まれる単元構成と問い」**である。そのような単元構成の視点として，以下の７点を挙げる（香川大学教育学部附属坂出中学校2016，p.10）。これらの視点は，「ナラティヴ・エデュケーション」に基づく授業をする際，参考となる。

① 各教科を通じて身につけさせる力（教科の本質的な意義）を踏まえる。
② 学習前の個の文脈（考えや経験，状況）を把握する。
③ 学んだことが個の文脈と関係づけられるように構成する。
④ 新たな気づきや次への問いが生まれる題材を組み込む。
⑤ 題材に埋め込まれた文化・社会的，歴史的，生態的文脈にふれられるように構成する。
⑥ 語り直しができる場面を設定する。
⑦ 学習後の個の学びの文脈を把握し，単元を再構成する。

また，問いをつくる視点として，以下の５点を挙げる（香川大学教育学部附属坂出中学校2016，p.11）。

二つ目が，「生徒が**クリティカルに聴くことと問うこと**ができる教師のかかわり方」である。三つ目が，「生徒が他者の語りを聴いて**語り直し**ができる教師のかかわり方」である。「語り直すということは，相手の視点に立って，自己の見直し，新たな自己を発見するということでもある。」（香川大学教育学部附属坂出中学校2016，p.15）。そこで，「教師が『あなたならどう思う？』とか，『相手に分かってもらえるように語れる？』などと問いかけながら，（中略）語り直しの場面で，語らせたり，書かせたりすること」（香川大学教育学部附属坂出中学校2016，p.15）が求められる。次の場面が語り直しの場面の例として載っている（香川大学教育学部附属坂出中学校2016，p.15）。

①　学習前の個の文脈（考えや経験，状況）を把握する。
②　個の文脈をふまえ，生徒がいずれかの立場（考え）を決められるようにする。
③　生徒が聴いたり問うたりする中で，考えをすりあわせ（吟味する　最適解を導く　合意形成すること）ができるようにする。
④　教科のことばで根拠や理由を述べる中で，考え方をすりあわせ（吟味する　最適解を導く　合意形成すること）ができるようにする。
⑤　学習後の個の文脈を把握し，生徒のつまずきと，葛藤が起こる場所を分析する必要がある。

・単元前や授業前の考えと単元後や授業後の考えを比較させる
・時間構造（過去⇔現在⇔未来）にそって，自分がどのように学んできたか自己の学びを語る
・課題を解決する課程で，他者と自分の考えを比較し，共通点，相違点，矛盾点を捉え直す
・他者の語りを聴いて，気づいた新たな見方や考え方を語る

３点の重点化により，**「個が響き合う共同体」**をめざす。「個が響き合う共同体」は，「個がそれぞれの学びの主体となり，積極的に仲間とかかわる中で，聴いたり問うたり語り直したりしながら，新たな『ものがたり』を生み出していける，言わば『ものがたり』の進化する方向はかるための集団である。」（香川大学教育学部附属坂出中学校2016，p.6）。その集団づくりに，**「すなおに語り合える空間づくり」**が必要と考え，教科に加え，道徳や学活等でも進められる。また，**「教師の共同体づくり」や学校文化の中で個が深まり合う「気づきを促す環境づくり」**も心がけている。これらは，2014年度の**ホリスティク・アプローチによる「ナラティヴ・エデュケーション」**を一歩進めたものと言えよう。

2016年度の研究から，以下の「ナラティヴ・エデュケーション」を進める際のキーワードを挙げる。

・「『学ぶこと』と『生きること』の統合」　・「学び続ける自立した学習者」
・「学ぶ意欲の重視」　・「自己の学びの意味や価値の実感」　・「語ること」
・「語ったものとしての物語」　・「三位一体の対話」・「個が響き合う共同体」
・「時間構造（過去⇔現在⇔未来）の意識化」　・「語り直し」
・「教科のことばと生活のことばを行き来する語り合い」
・「個の文脈から新たな『ものがたり』が生まれる単元構成と問い」
・「個の文脈の把握」・「題材に埋め込まれた文化・社会的，歴史的，生態的文脈」
・「すなおに語り合える空間づくり」　・「教師の共同体づくり」
・「気づきを促す環境づくり」　・「他者の語り」
・「クリティカルに聴くことと問うこと」
・「ホリスティク・アプローチによる『ナラテイブ・エデュケーション』」

おわりに　－再び「学ぶこと」と「生きること」を一体として－

附属坂中がこだわり続け，「ナラティヴ・エデュケーション」の主張，思想である「学ぶこと」と「生きること」の一体としての捉えを再び考えてみる。

各年度の同校の「『学ぶこと』と『生きること』の統合」の捉えは，以下の通り。2016年度は「『学ぶこと』と『生きること』をつなぐ」となっている。しかも，明確な捉えの説明がなく，両者が分離することの強い問題提起が詳述されるのみである。従って，2016年度は載せていない。2016年度は2014年度の捉えを踏襲し，むしろ捉えの記述より分離する点にこそ問題があると考えたと推測される。

・「学ぶことの意味や自分にとっての価値を実感し，自己実現へ向け，生涯にわたって主体的に学び続けようとすること」(2010年度)
・「生涯にわたって学び続けることができるという実感をもつことである。それは，『学ぶこと』が，生活，つまり『生きること』の一部として常に自然な形で存在するということでもある。」(2012年度)
・「学習者自らが学ぶことの意味づけを行ったり価値を実感したりする中で，新たな自己の学びをつむいでいき，自己を形成し，自己実現を図ることである。」(2014年度)

さて，各年度の附属坂中の「『学ぶこと』と『生きること』の統合」の捉えを見ると，2014年度が大幅に違い，断絶しているように思われる。だが，よく見れば，2010年度の「自己実現」が，2014年度に再び出現する。４年間附属坂中に身を置き，３回の研究発表会に関わり，同校では以前の研究を引き継ぎ，進化する方向で研究は進められると感じた。一見捨て去られたように思えても，一旦咀嚼され，深く沈潜しただけで，どこかで再現することもあるのではないか。それが,「自己実現」ではないか。そう思うことは他にもある。2016年度のテーマが,「『学ぶこと』と『生きること』をつなぐ」と「統合」でなく「つなぐ」になった。推測だが，両者は重なりきらない部分があるという寓意ではないか。それは，2012年度に,「『学ぶこと』が，生活，つまり『生きること』の一部」と述べていることからうかがえると思う。ならば，2010年度から2014年度までの捉えを俯瞰する必要がある。

筆者なりに俯瞰すれば,「学ぶこと」と「生きること」の一体とは,「学習者自らが学ぶことの意味や価値を実感する中で学ぶ意欲が高まり，生涯にわたって自己を形成するために新たな自己の学びをつむぎ出そうとしていき，自己実現を図ろうとしていること」となる。そして,「学ぶこと」と「生きること」を一体とするために,「ナラティヴ･エデュケーション」が求められた。附属坂中は,「『学ぶこと』と『生きること』」にこだわり，両者を一体とする教育実践研究を模索して「物語り」に逢着し,「ナラティヴ・エデュケーション」に行き着いたと言える。

■ 注

1) 筆者の「物語り」は，語ったものとしての物語と語る行為である物語りを包摂したものである。その上で，目的に基づく時間構造をもち，仲間と語り合って自らを社会の文脈の中に位置づけ説明づけ定義づけ，自らの生を意味づけ，生き方を方向付ける行為とその行為により生成されるものとしている。附属坂中の「ものがたり」は,「物語り」を下敷きに，学習行為論に特化したものであり，ほぼ同義である。実際，附属坂中の「ものがたり」実践をまとめた川田（2016）では「物語り」を使用している。そこで，附属坂中に直接関わる場合を除き，通りの良い「物語り」を使用する。
2) 物語構成論は，伊藤（2008），伊藤（2010a），伊藤（2010b），伊藤（2010c），伊藤（2011a），伊藤（2011b），伊藤（2011c），伊藤（2012a），伊藤（2012b），伊藤（2013），伊藤（2014），伊藤（2016），伊藤･安藤（2008），伊藤･大木（1996），伊藤･金野（1998），伊藤･金野（1999），伊藤･金野（2000），伊藤･川田（2016），伊藤・笹本・山城（2013）を参照。

3) その証左に，筆者が前年度に附属坂中の研究会（2012/6/1）のシンポジストを依頼され，校長として登壇し，「教育における『物語り』とは」と題してシンポジストを努めた異例なことを挙げたい。
4) 人生は物語にしばしば喩えられる。自分とは誰かと聞かれれば，それは自己の物語を「物語る」ことでしか答えられない。自己物語にならざるを得ないとも言われる。「物語ること」は生きることの根源とも言える。立田（2004）は，物語は教育の古典的モデルであると述べている。
5) この捉えの詳細は，伊藤（2016）を参照。
6) 「正統的周辺参加論」は，学習を知識の伝搬と見なさない。学習者（新参者）が共同体の社会文化的実践の十全的に参加して行くことで知識や技能を習得すると考える。周辺参加とは，最初は周辺的な役割を担った新参者も，学習が進むとともに徐々に中核的な役割を担っていくことを意味する。
7) これらのことは，伊藤（2011b，2014）で既にふれてある。

■ 文献

安彦忠彦（1997）『中学校カリキュラムの独自性と構成原理－前期中等教育課程の比較研究－』，明治図書，386p.

伊藤裕康（2008）「地理学習の『物語（り）』の意味」，社会認識教育実践学研究会編著『社会認識教育実践学の構築』東京書籍，pp.396－403

伊藤裕康（2010a）「『物語（り）』を紡ぎながら，意志決定力を育む授業開発－地理的分野『私たちのプロジェクトX（中国編）』－」社会系教科教育学会編『社会系教科教育研究のアプローチ～授業実践のフロムとフォー』学事出版，pp.214－223

伊藤裕康（2010b）「情報消費社会における社会科地理学習のあり方－持続可能な社会を目指す子ども参加の地理学習を例として－」地理教育研究6号，pp.15－24

伊藤裕康（2010c）「当事者性を育む社会科学習－物語構成学習による地理授業の開発－」社会系教科教育学研究第22号，pp.11－20

伊藤裕康（2011a）「『物語り』を活用した『人間有在の地理』」地理教育研究8号，pp.25－33

伊藤裕康（2011b）「『物語り』を活用した授業づくり」香川大学教育実践総合研究第23号，pp.101－114

伊藤裕康（2011c）「『物語（り）』としての「伝統』－社会科地理学習における伝統の扱い方－」社会科教育研究No.114 ，pp.77－90

伊藤裕康（2012a）「地理教育の変革と『物語り』」，山口幸男編『地理教育・社会科教育の理論と実践』古今書院，pp.21－31

伊藤裕康（2012b）「地理教育における伝統とアイデンティティの扱い方」地理教育研究11号，pp.36－43

伊藤裕康（2013）「地理の『有用性』が分かる地理学習－物語構成学習による地理学習の開発－」，地理学報告第115号，pp.29－38

伊藤裕康（2014）「『物語り』を活用した授業づくり（2）」香川大学教育実践総合研

究第28号，pp.79－90
伊藤裕康（2016）「『ものがたり』の類を基軸とした授業づくりの意義」，香川大学教育学部附属坂出中学校『学ぶこと』と『生きること』をつなぐ『ものがたり』－個が響き合う共同体をめざして－』，美巧社，pp.234－242
伊藤裕康・安藤孝泰（2008）「物語性と当事者性の高い社会科地理学習－文脈のある授業展開を心がけた『小京都』の実践より－」，日本社会科教育学会編『社会科授業力の開発　中学校・高等学校編』明治図書，pp.31－46
伊藤裕康・大木馨（1996）「『出力型授業観』に基づく社会科教育の研究－『シンガポール引っ越し物語』の実践より－」地理学報告 83，18－36
伊藤裕康・金野誠志（1998）「『出力型授業観』に基づく社会科教育の研究2－続『シンガポール引っ越し物語』（準備編・食事編）の実践より－」地理学報告 87，pp.19－33
伊藤裕康・金野誠志（1999）「『旅行』を鍵概念にした小学校地理的学習の展開：続「シンガポール引っ越し物語」（観光編）の実践より」社会認識教育学研究 14，pp.21－30
伊藤裕康・金野誠志（2000）「『国際性を育てる小学校地理的学習の創造と展開－続「シンガポール引っ越し物語」（産業・貿易編）の実践より」地理学報告 90，pp.33－48
伊藤裕康・川田英之（2016）「『物語り』を活用したNIESDの構想」探究第27号，pp.60－67
伊藤裕康・笹本隆志・山城貴彦（2013）「『物語り』を活用した学びの振り返りを組み込んだ社会科授業の開発」，香川大学教育実践総合研究第26号，pp.49－60
香川大学教育学部附属坂出中学校（2010）『研究紀要』，pp.1－14
香川大学教育学部附属坂出中学校（2012）『研究紀要』，pp.1－21
香川大学教育学部附属坂出中学校（2014）『研究紀要』，pp.1－34
香川大学教育学部附属坂出中学校（2016）『学ぶこと』と『生きること』をつなぐ『ものがたり』－個が響き合う共同体をめざして－』美巧社，pp.1－33
香川大学教育学部附属坂出中学校（2017）「平成28年度　文部科学省研究委託に係わる実践協議会資料」
川田英之（2016）『自己の「物語り」をつむぐ国語授業－主体的・共同的な言葉の学びをつくる－』東洋館，207p.
立田慶裕（2004）「物語る力が人を動かす」，小宮山博仁・立田慶裕編『人生を変える生涯学習の力』新評論，pp.162－187
田中昌弥（2010）「学力論議を超えて，学力の質をみる文化を」田中孝彦・藤田和也・教育科学研究会編『現実と向き合う教育学－教師という仕事を考える25章－』大月書店，pp.135－137

（伊藤　裕康）

3章　ナラティヴ・エデュケーションと総合学習

Ⅰ　実践

1　ナラティヴ・エデュケーションへの誘い

「瀬戸内国際芸術祭の開催を知っている人が、県内で約４割！」

「世界的な芸術のお祭りが香川県で開かれるのに、大丈夫なのか」

「自分たちでたくさんの人に知らせて、芸術祭を盛り上げよう」

小学３年生は、瀬戸内国際芸術祭を盛り上げるために、情報を集め、様々な人との結びつきの中でPR活動を展開していった。その活動の中で元ハンセン病患者の大智さんとの出会いがあった。１人の子どもが手にした大智さんからの手紙が、教室を新たな学びの場へと変容させていった。

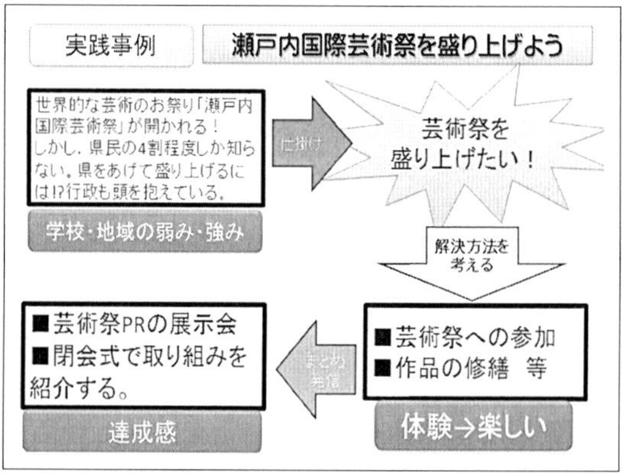

本実践につながる前単元の流れ

2　実践の実際

「先生！こんな手紙が来ました。何とかならないでしょうか。」

興奮しながら見せる手紙の内容は、餅つきのお誘いであった。その相手は、瀬戸内海に浮かぶ小さな島「大島」に住む、元ハンセン病患者の大智さん。国の誤った政策により、故郷や家族から引き離され、病気が完治した後も隔離され続けてきた人たちである。

なぜ、元ハンセン病患者の方から子どもに手紙が届いたのか。それは、「瀬戸内国際芸術祭を盛り上げよう」の活動の中で、A児が元ハンセン病患者の大智さんと出会ったことが始まりだった。

芸術祭開催中、大島での収穫祭に出向いたA児が、ハンセン病差別について知り、大智さんとの交流をもとに人権作文を書いた。思いのこもった作文は最優秀賞に輝き、県民の前で朗読することとなったのである。

発表当日。会場に大智さんを招いた。涙を浮かべ、孫を見つめるように見守る大智さん。A児の朗読は、大智さんだけでなく会場全体を温かく包み込んだ。

後日、大智さんからA児にお礼の手紙が届いた。その中に、芸術祭を盛り上げようと活動してきた学級の子を餅つきに誘う文章があったのである。

学級の子どもに手紙を紹介すると、間違いなく「行きたい」と言うだろう。しかし、簡単には行くことを決められない。

行くためには、学校内の段取り、相手との調整、元ハンセン病患者への理解等取り組むべき課題がたくさんあるからだ。

手紙の内容を確認すると、餅つき大会は十日後であった。給食を止められるのは２週間前まで。つまり、給食を止めて、島に行くことはできない。島に行くとなると、給食をどうするか問題となる。船の時刻表で調べても、給食の時間に帰ってくることは困難である。せっかくの誘いだが、実現不可能であることが分かった。

さて、教師がこれらの事実を調べた後、手紙をどう扱うか。

■A児に言って聞かせ、手紙の紹介を控える。（手紙の存在を隠す）

■手紙を紹介し、実現できないことを教師が伝える。

■手紙を紹介し、給食や船の時刻表をもとに困難なことを教師が伝える。

私は、A児に手紙をそのまま読ませた。予想通り、「行きたい！」と子どもたちは興奮しながら叫んだ。

「行くとしてもどうやっていくの？」

教師のとぼけた問いに、子どもたちの思考がフル回転し始める。行きたい思いが強いからこそ、計画を前のめりになって立て始めた。予想通り船の時刻を調べ、給食の壁にぶつかった。

「同じ学年の子どもに食べてもらおう」という発言に対し、「自分たちがやりたいことを優先して、他のクラスに迷惑をかけるのはよくない」と発言する子が出て決着した。

子どもたちは、感謝の気持ちと残念な思いを手紙にし、大智さんに送った。すると、大智さんは餅つきの日程を再度調整し、手紙を送ってきたのである。今度こそ行けることを確信した子どもに、再度A児の作文を紹介した。

ハンセン病差別と大島の歴史を再確認した子どもたちは、お会いした時に失礼がないように、資料を集め、学びを深めた。

行く準備が整ってきた頃、ここまでの取材してきたテレビ局の人が、何気なくつぶやいた。

「みんなが行く3日後が大智さんの誕生日なんだよ」

子どもたちは、「お祝いしよう」とすぐに反応した。そこから、どのようにお祝いすればよいか、話し合いが始まった。子どもたちは、個人でやることと全体でやることに分け、準備を進めた。全体で贈る歌のプレゼント以外は、個人で準備をすることにした。

当日、子どもたちと大智さんの思いがつながり、島の人との餅つきが実現した。大智さんだけでなく、島の人たちと餅つきを行い、大島に子どもたちの高い声が響いた。

餅を食べた後、ホールに島の人を招き、宴が始まった。子どもたちは「詩吟」「漫才」「お笑い芸」など準備した出し物で、大島の人を楽しませた。中には、「孫のことを思い出した」と涙を浮かべる元ハンセン病患者の方もいた。

最後に、大智さんの誕生日を祝うサプライズ演出。「大智さんお誕生日おめでとう」のかけ声とともに垂らされた幕に、大智さんは驚きと感動で言葉を失っていた。

島を去る時、子どもたちは大智さんの姿が見えなくなるまで手を振り続け「もっともっと大島の人や歴史を学び、よくしていきたい。」と思いを強くしていた。子どもたちの目は、差別や偏見を吹き飛ばし、未来を見つめていた。

別れを惜しむ子どもと大智さん

Ⅱ　『ナラティヴ・エデュケーション』からみた実践

子ども自らが問題解決をしていくために「ゴール」「手段」「出合わせ方」の3つを大切にしたい。

1　「ゴール」設定の勘所

ゴールは、「最終的にどこを目指すのか」「どうなればいいのか」「何を達成するのか」などを明らかにすることである。

勘所は、次である。

子どもと描くゴールの姿が、地域の「弱み」を解決する形になっている

ゴールの描き方は、主に2つある。

１つは、地域（行政）発である。地域や行政側から依頼があり、子どもたちが参加するような活動である。例えば、「子どもたちの歌を披露して欲しい」「ポスターを応募して欲しい」など、地域（行政）が主催する行事への参加依頼があり、協働していく活動である。

もう１つは、教室発である。学校の中で企画し、地域や行政を巻きこんで（働きかけて）いく活動である。

どちらも、子どもたちにとっては貴重な経験であることは間違いない。

ただ、子どものナラティヴを生かすためには、制約の大きい決められたゴールを設定するより、教室発の活動を目指していきたい。

2 「手段」設定の勘所

ゴールにたどり着くために、どのような手段を用いるのか、検討する。勘所は、次である。

子どものアイデアを生かす

個々の思いや願いを受け止めるために、次の手順で行った。

① 付箋紙にアイデアを書く。

② 班で集約する。

③ ②を短冊に書く。

④ 黒板に掲げ、学級全体で集約する。

この時、必ず実現不可能なアイデアが出る。しかし、これをすぐに切り捨ててはいけない。教師から見て現実離れしているような意見でも一旦受け止めることで、創造的なアイデアがたくさん生まれる。その後、「自分達でできそうなことはどれか」、「この場所でできることは何か」、「時間内でできることは何か」と問いながら、話し合いを通じて現実と向き合えるようにしていくのである。

3 出合いを仕掛ける

「～を達成するために･･･をする」と、必要感や必然性をもって取り組むことができるようにゴールと手段を決める。これだけで、子どもたちの意識や意欲は高くなる。そこに、さらなるスパイスを加える。「課題との出合い」である。

教師が課題を捉え、どう出合わせるかによって子どもの学びの広がりや深まりは変わってくる。本実践では、いくつか子どもの思いが大きく動く出合いの場面があった。

（1）　大智さんからの手紙

大智さんからの手紙を子どもたちに考えさせる場面。教師は実現が難しい手紙をあえて子どもに投げかけ、新たなアイデアが創出される状況を作ったこと。

（2）　大智さんの誕生日情報

大智さんの誕生日情報を伝えることで、新たなアイデアが創出される状況を作ったこと。

（3）　ホームページへの掲載

大島への訪問後、「1枚の写真をHPに掲載するので簡単な文章と一緒に送って欲しい」という依頼を受けた。これにより、子どもたちは様々な場面の中から、1枚の写真を選ばなければならない状況になった。この時、「どうしてその写真がいいのか」と問うことで、子ども1人1人のナラティヴが語られる。その違いが子どもたちの学びの質を高めることになった。

サプライズに感動する大智さん

Ⅲ　教師に求められる視点

1　子どもに判断を促す

教師の文脈だけで進めるのではなく、子どもとともに考えたり、子どもに判断を促したりすることで、活動が子どものものになってくる。子どもは、自分が選んだり判断したりしたものほど、責任や役割を果たそうとし、主体的に取り組むようになる。

また、子どもが語る場面では、教師が受け止めすぎることなく、他の子どもに「今の〜の意見に対してどう思う？」と受け流すことを大切にする。教師が受け止めすぎると、子どもは教師だけにしか話さなくなる。子どもから子どもに受け流すからこそ、子ども同士が友達の考えを聴くようになり、学級全体で思いを共有することができるのである。

2　対等な関係をつくる

学びに対して、対等な関係をつくること。対等な関係だからこそ考えを述べやすい雰囲気が生まれ、様々な考えに出合う機会が増えるのである。ここでいう対等とは、大きく次の3つある。

(1) 子どもと子どもの関係が対等

力の強い子の意見で全てまとめられたり、流されたりしないように、常日頃からいろいろな子どもに光があたるようにしていく風土づくりが求められる。

どのように風土をつくっていくのか、1つの実践例を紹介する。4月の学級開きの時に鈴を1個用意し、おもむろに鳴らす。「今、聞こえた音をノートに書き、持ってきてください」と言う。子どもたちは不思議そうな顔をして、ノートに書き、教師のもとにもってくる。それを黒板に書かせていくのである。黒板には、縦書きで「チリンチリン」「カランカラン」「リンリン」と書かれていく。多くの子が「チリンチリン」と書く中、「チロチロリン」と誰も書かないような音色を書く子が出てくる。子どもたちは、その子を笑う。そこで問うのである。

正解は、どれですか。

一番多い「チリンチリン」が正解だという子、どれも正解だという子が出てくる。話し合っているうちに、子どもたちは教師の答えを求めてくる。教師は、話し合っている姿や人を褒めながら、「自分が聞こえた音を、正直に書いた子こそ正解です。」と告げる。その後、「犬は本当に『ワンワン』か、アメリカでは『バウワウ』と言われている」などと話しながら、正解を自分で創ることの大切さに気付かせる。また、人と違った意見がたくさん出ていることは、それだけ学級や友達の考えや心を豊かにすることなどを伝え、友達と違う音を書いた子を主役にする。こうして、「みんなが違うからこそ面白いし、みんなは豊かに成長できる」ことを学級に浸透させていくのである。

また、授業において正解のない問題や正解が1つではない問題を扱うことも有効である。それぞれの考えが尊重され、他の子の解釈に興味・関心をもち、面白がれる学級や子どもを育めるようになる。

(2) 子どもと教師の関係が対等

子どもと教師。従来は、教えられる人と教える人という考えが普通であった。その結果、子どもは教師が教えてくれるのを待つという状態が生まれる。教師は、全てを見通していなければならないという気持ちになり、準備をしていなければ不安になり、準備をしていればそれ通りに進めようと子どもを生かしづらい状況が生まれてきた。最終的に、教師の思い通りにいくことが多くはなるが、子どもの主体性や創造性は生まれにくくなる。この関係を崩し、対等にするにはどうすればよいか。それは、次である。

教師が「教えない」こと

「言っている意味がわからない」「それは、どういうこと？誰かの考えとつながるの？」「先生もわからないな･･･」と、無知の知を貫くことで、子どもは自ら考え、判断しなくてはいけなくなる。大切なことほど、教えずに子ども同士が何とかして解決するように促す。最初は時間がかかるが、浸透してくると子どもだけで動けるようになり、時間もかからなくなっていく。

また、子どもと教師の関係を対等にするために、教材づくりの工夫が挙げられる。教材は、常に教師が準備するものという考えがある。そこを変えるのである。単元のはじめに単元を見通すような学習問題、計画を立てる。それにより子どもたちは見通しをもって一人調べをしやすくなる。この一人調べの中から教材をつくる機会を増やしていくのである。教師が準備している教材（資料等）を調べて持ってきている子がいたとき、教師は自分の資料を提示するのではなく子どもの資料を印刷し、配付する。その結果、「自分の調べた資料が使われた」「自分の資料が授業（問題解決）に役だった」と、有用感や有能感をもつことができ、さらなる主体的な態度につながるのである。

また、一人調べが当たり前の学級になると、教師がもっていないような資料を子どもが持ち込む頻度も増える。教師は、子どもに資料の解釈を聴きながら教材化していく。資料選択の幅が広がるだけでなく、子ども発で授業をつくることができ、子どもと教師が対等になっていくのである。

(3)　子ども（学校）と地域（行政）の関係が対等

総合学習では、学校の外の人とのつながりが増える。この時、学校と地域が対等な関係になることが大切である。学校と地域が対等とは、win-winの関係になることである。地域の人が「子どもがしたいと言っているからしょうがなくやろう」という気持ちでは双方が前向きに対話する場も少なく、創造性は生まれない。また、相手の思いを一方的に聞くだけなのでは長続きせず、主体的な取り組みにはなりにくい。それでは、どのようにして対等な関係にしていくか。その秘訣は、課題づくりにある。

学校と地域、行政などが対等になる課題をつくるとき、次に着目すればよい。

地域の「弱み」と「強み」

例えば、全国的に問題となっている「商店街の衰退が地域の経済や文化の衰退につながっている」という地域の弱みがある。その解決を子どもたちと図ろうとすると、地域や行政も結びつきを求めてくる。なぜなら、地域の弱みをみんな解決したいからである。それが、地域にとってどちらでもいい問題なら、頼まれない限り、向こうから結びつこうとアプローチしてくることはない。

同様に、地域の強みを扱うことで、それを基点として地域をよりよくしていこう、守っていこうとする様々な立場の人が関わりを求めてくる。

地域の「弱み」と「強み」を洗い出し、いずれかに向かいたくなるような仕掛けを考え、取り組めるようにしていくことで学校と地域が対等な関係で協働していくことができるようになる。互いの立場を尊重し、主体的で対話的で深い学びが実現しやすくなるのである。

3　様々な困難を乗り越え、体験を保障していく覚悟

学校によっては、いきなりの大智さんの手紙から授業を組み立てる時、「年間計画のどこに位置付けているのか」「どのような学び、価値があるのか」と、問われるだろう。保護者からは、「元ハンセン病患者と接して大丈夫なのか。」というような問い合わせが来る恐れもある。その他、給食を停止するためのお願い等、実行するためにクリアしなければならないことがたくさんある。これらを考えただけで、「やめておこうかな」という思いに襲われる。教師は、弱気になる自分と闘いながら、様々な困難を乗り越え、本物との出会い、立場の違う人と結びつく体験を保障していく覚悟が必要である。

4　イレギュラーに学び、イレギュラーを楽しむ

子どもの成長を願い、計画を立て、実践する。教育は意図的行為の連続である。しかし、当初の想定を超えて、子どもたちは様々なイレギュラーを起こす。また、真正な活動になればなるほど、教師の想定通りに流れにくく、状況は変わりやすくなる。このイレギュラーの中にこそ、教師の計画を超える子どもの願いがこもっていることが多い。今回の手紙もそうである。

イレギュラーを無視して、強引に教師の計画に沿わせるのではなく、イレギュラーにゆとりをもって対応しながらゴールを目指すことが大切である。そのためには、次のことを意識する。

ゴールを「点」ではなく「線」で捉えること。

点にたどり着くようなゴールを設定するのではなく、ゴール線をこえればどこでもOKというゴールイメージが大切である。解決する順番を一つ一つ決めるのではなく、ゴールの方向にさえ向かっていれば、どの順番から取り組んでもいい状況を作りたい。そうすることで、教師は様々なイレギュラーに学び、イレギュラーを楽しみながら、子どもとともに取り組めるようになるのである。

5　背景を探る

1つ1つの判断には、その子なりの背景（根拠や事実等）がある。同じ1つの事象を見て判断をしても、背景は異なることが多い。本実践であれば、ホームページに掲載する1枚の写真を選ぶ時に、5枚の中から「大智さんと握手している写真」を選んだ子が一番多かった。背景を尋ねると「大智さんとの固いきずなの象徴だから」と言う子もいれば「元ハンセン病患者差別に対する抗議」という子もいた。その背景を可視化することで、同じ写真でも見方・考え方が大きく揺さぶられることになる。他者から学ぶだけでなく、他者の価値観を面白いと思えるようになることで、対話の必要性が高まり、活性化する。他者の考えを聴きたいという傾聴の姿勢も生まれるのである。

6　判断が分かれる状況は価値の創出の前段階

何でもかんでも背景を探ればいいわけではない。教室で取り組める時間は有限である。教師が深く切り込むポイントは次である。

判断が分かれる状況

子どもたちの判断が分かれる時には、新たな価値が生まれる前段階である。このような場面に出くわしたら、「どうしよう」ではなく「ラッキー」と思いたい。判断が分かれる背景には、それぞれの価値が眠っている。その価値を表出し、話し合う状況をつくることで、新たな価値が創出される。

子どもたちは、新しい価値に触れることで揺さぶられ、自分の価値を更新したり新たな価値を獲得したりすることができるのである。

■ 文献

・香川大学教育学部附属高松小学校『創る－２領域カリキュラムで子どもが変わる！教師が変わる！』東洋館出版、2017

・伊藤香織・紫牟田伸子監修『シビックプライド２【国内編】』宣伝会議、2015

・早川正祐『ナラティヴ・セラピーとケア－当事者の物語の重視とは何か－』、東京大学大学院人文社会系研究科・文学部哲学研究室応用倫理・哲学論集（4)、2009、pp.83－97

（河田　祥司）

4章　ナラティヴ・エデュケーションと国語教育

Ⅰ　実践

1　単元について

単元『死を想う』－「レモン哀歌」「永訣の朝」の比べ読み，重ね読み－（全5時間）を構想した[i)]。愛する者の死という内容はほとんどの生徒にとって身近なものでないが，「死」を考えることは「生」を考えることでもあり，文学や人生の主要モチーフでもある。両作品を比べ，重ねて読むことは，作品を外側の視点から読み，相対化することになる。単独で作品を読むより，読者である生徒個々の読みが活性化され，豊かな読みが生まれてくると考えた[ii)]。

2　授業の実際

(1)　生徒にとって「読む」ということ

「読む」という行為は単に語意を捉えたり表現を分析したり解釈したりすることのみではない。生徒一人一人の前理解は当然異なるものであり，教室に40人いれば，40とおりの解釈が存在する。言葉をどう受け止めるかという，個の読みの自由さは尊重されるべきである。そして，言葉を通して，自己に向き合い，新たな自己と出会い，自己を形成していく。そうした言葉との出会いが，真に「読む」ということである。

一樹（仮名）は，本実践の数ヶ月前に父親と死別したばかりであった。実践前に書いた弁論大会の作文では，父が長年病気で苦しんではいたが，「父親との別れが今日来るとは露とも思わず後悔している」旨の内容を書いていた。二つの詩の読みを通して，一樹の読みがどのように変容していったのかを見る。

(2)　一樹の「読み」の変容

一樹の毎時の気づきは，次のように記述されている。（以下，下線－筆者）

- 作者が親族の死をとても悲しく思っていることが伝わってきた。どちらの詩も親族の死ぬ間際の一つ一つの行動をじっくりと見ている。また，レモンや雪が作者と親族とを強く引きつけている物であると思う。〔第1時〕
- レモン哀歌で，これだけ明るさをイメージする言葉をつなげていったところからどれだけ大変だったかが伝わってきた。永訣の朝では，明るいイメージと暗いイメージどちらも入れることで苦しみから解放させてあげられる反面，自分の相談相手がいなくなる悲しみがあったことが分かる。　〔第２時〕

・　レモン哀歌は永訣の朝を超えたと思う。永訣の朝は「雪をくれた」や「ありがとうけなげな妹よ」など死ぬ時の思ったことを長々と書いている。が，レモン哀歌は簡潔に書かれて，いつ死んだのか，どのように死んだのかなど分かりやすく書いている。また，妻の大切な死の前の行動をおもに書いているのがよい。「哀」は心の中でかなしく思うということだと思う。この「哀」を使ったのには，哀しいけど最後くらいは明るくしたいと思ったからだと思う。それは明るい色彩語を多く使ったことにも伝わってくる。　〔第３時〕

傍線部からは，一樹が自分自身の体験と重ねて読んでいることが伺える。しかし，全体の記述を見ると，あくまで詩を客観的，分析的に読んでいるのみである。授業中も，全体の場ではほとんど発言しなかった。

一樹の読みが変わったのは第４時である。集団の摺り合いの中で，「レモン哀歌と永訣の朝の悲しみは同じなのか違うのか」という課題についての語り合いへと進んだ。

Ｓ１　表現は違っていても，大切な人が死んでしまうという意味で悲しさは同じだと思う。

Ｓ２　僕も，死ぬ直前（永訣の朝－筆者注）と死後が書かれている（レモン哀歌－筆者）という違いはあっても，愛する人が死んでしまうというのは悲しいことなんで…悲しいことだと思う。

Ｓ１　永訣の朝はすごいショック，重苦しい感じがあるんですけど，レモン哀歌の方は死を軽い感じで表現していて，どちらもショックなんですけど，レモン哀歌は，無理やり明るい言葉をかぶせてカバーした感じがする。表現が違うだけのような…。

Ｓ３　レモン哀歌のほうは，…おかしいというか，さっぱりしている。

Ｓ４　僕は違うと思います。レモン哀歌のほうは智恵子を大切にしているから，統合失調症から楽にさせたいという気持ちで，永訣の朝のほうは，自分を中心にしていて，とし子が死んでしまって自分も悲しいという違い。

一樹　僕も，レモン哀歌は智恵子を苦しみから解放させてあげたいという気持ちがあって，永訣の朝の方は死んで欲しくないという気持ちが強かったから，悲しさは違うと思います。

ここで一樹は，初めて全体の場で発言する。Ｓ４の発言を受ける形で，「苦しみからの解放」と「死んで欲しくない」という二つの死の違いを述べるのである。さらに，全体での話し合いは，レモン哀歌の「時間の経過」についての話題となった。

S５　さっきＳ２君が時間が違うと言ったけれど，レモン哀歌の最後の17行で時間が経っている。だから気持ちを整理できているのが違う。

T　16行目と17行目の間はどれくらい時間が経ってますか？班で話して。

（中略－筆者）

S７　数年だと思います。「今日も置こう」とあるので，レモンを置くことが日常化しているのは，数年はいると思うから。

S８　遺影の前にレモンを置いているので，毎日置いている。

T　では，17，18行で光太郎は悲しんでいるの？話してみて。

（中略－筆者）

S８　悲しんでいない。理由は今日も置こうという事で，情景が明るくて，前を向いて歩こうという感じだから。

T　死んだことを忘れて？

S８　死んだことを受け入れて，死を受け入れて，前向きに行こうという感じが表れている感じがするから悲しんではいないと思う。

T　一樹君はどう思う？

一樹　数年の間に死を受け入れたから。

S９　13行目の「生涯の愛を一瞬に傾けた」でもう満足したから悲しんでいないと思います。

T　みんなは大切な人が死んだとして，仮に数年経ったとして受け入れられるの？

S９　ずっと好きだったら悲しいから受け入れられない。忘れられないと思います。

T　ではなぜレモンを置くのですか？

S９　レモンは智恵子との思い出だから。

S８　レモンは智恵子自身だと思っている。智恵子は死んだけれどずっと光太郎の中では生きている。

この語り合いにおいて，一樹の発言は，教師が指名したものに答えた１回のみである。しかし，友達の読みの交流を聞くなかで，一樹の読みは深まったと考えられる。振り返りでは，次のように記述していた。

レモン哀歌の時間の流れには，大切な人の死を受け入れられているのかがはっきり伝わってきた。大切な人の死を書いた詩というのはどちらも同じではあるけれど，相手の死をかわいそうと思うか，さびしいと思うかで，時の流れも，感情

の入れ方も変わってくるということが分かった。〔第4時〕

他者の読みを聴きながら「時間が経って死を受け入れられた」という考えに納得し，自分の読みに取り込み，さらに「死の捉えかたによって違ってくる」という独自の読みへと昇華しているのである。

(3) 一樹の振り返り

一樹は，批評文と学習全体の振り返りとして，次のように記述している。

[一樹の批評文（一部抜粋）]

「レモン哀歌」は「永訣の朝」を超えたと考える。理由は，死への感情を考えさせられるからだ。「永訣の朝」は悲しみだけを書いて，読者に対して死を悲しいイメージでしか書けていない。しかし，「レモン哀歌」は，智恵子を失ってしまった悲しみはあるが，智恵子を長年苦しめ続けた病気から解放さしてあげることができるうれしさもある。一方，○○君の「永訣の朝より悲しみを表現できていない」という意見もある。しかし，18行目の「すずしく光るレモンを今日も置こう」の今日という所からくつがえすことができる。「今日も」ということは毎日くだ物やさんで新しいレモンを買って置いていることがわかる。このレモンは，自分と智恵子を唯一つなげてくれた物である。いつもつながっているという所から，智恵子を失いたくなかったということが伝わってくる。なので表現できていると思う。

[一樹の振り返り]

僕は，死に対して「悲しさ」というイメージしかなかった。しかし，死というのは時に相手を苦しみから解放させてあげる喜びもあるということがわかった。また，死に対しての受け入れ方が違うと，今後の自分の人生が良い方向へ行ったり悪い方向へ行ったりすることが分かった。死を書いた詩人は人を使った悲しみを書いていることが多い。だが，死ぬ人から考えれば，「苦しみから解放される」という安心もあるのだ。これから僕が死のことについても，特に病死について考えるとき，自分の悲しみばかりを書くのではなく，死ぬ人のことも考えてあげないといけないと思う。「詩をよむ」ということについてまずこの詩が何を書いた詩であるかを考えていた。しかし，その考えからすると「レモン哀歌」の高村が死を受け入れるという物語が変わってくる詩である。これから僕は詩を読むときには，言葉にかくされた作者の思いというものを見つけることを一番に考えていきたいと思う。また二つの詩を読むことによって自分の死へのイメージが変わった。詩によって自分が考えていた言葉の意味が変化することがあるのだ。詩は自分の考えていることを深く考えさせられるものだ。これからの現代社会において詩を読むことは大切なことである。

傍線部からは，詩の読みの変容を通して，父の死を受け入れようとする一樹自身の変容が見受けられる。二つの詩は，一樹にこのように読まれ，その過程で一樹の中を生きていった。光太郎と賢治の「死」を通して自分自身を読んでいくことになり，自分自身の「死」観を捉え直していったのである。

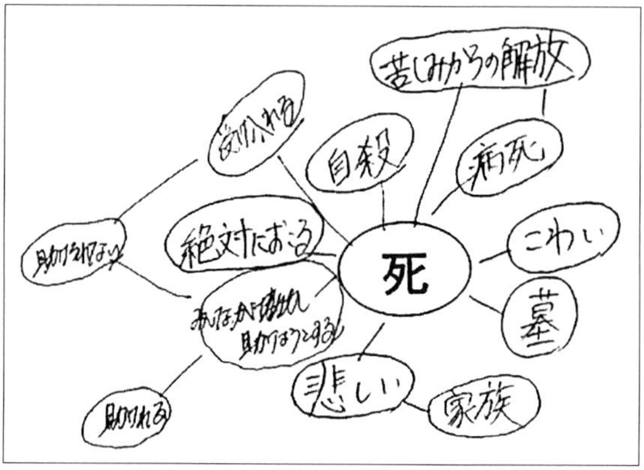

【一樹の最終イメージマップ】
～「受け入れる」等が付け加えられている～

「読む」ということは客観的に，分析的に読むということにとどまらない。作品を深く読めば読むほど，他者と語れば語るほども内なる自己と対面することになる。作品や他者を通して自己を語ることが，新しい自己を形成することになり，自己を解放させることにもなることを一樹の読みの過程から知ることができる。

Ⅱ　『ナラティヴ・エデュケーション』からみた実践

「読み」の授業では次の２点を目的としたい。

1　子どもの「読みの力」が高まること 2　子どもが，作品や言葉の魅力・価値に気づくこと

レモン哀歌の「時間の経過」の表現に着目した他者との対話の中で，一樹の解釈は高次の読みへと変容し，自身の「死」感も変容していることが見てとれる。一樹は上記の目的を達成したと言って良い。

また，総じて，国語科の授業では次の点を目的とする。

子どもが真に言葉を獲得すること

国語は言葉を学ぶ教科である。知識として言葉を知る表層的な読みでは，真に

言葉は獲得できない。読みの方略の獲得や読みの変容を超え，言葉が自己の中に位置づき，自己を形成することで，言葉は獲得されていく。振り返りを見ると，「レモン哀歌」という作品を通して，一樹の中で，詩の言葉が位置付き，言葉の獲得につながったと言ってよいであろう。

一樹の言葉の学びはいかにして生まれたのか。「ナラティヴ・エデュケーション」の観点から，次の４点を挙げる。

1　作品の言葉を通し，自己を語る

国語は言葉を扱い，言葉を学ぶ教科である。言葉には語り手の生き方が自然と含まれている。借り物ではなく，教材や教室，子どもたちの中に埋め込まれている物語を子どもたち自身の言葉で語ることが，学びの基軸となっている。

2　教師が子どもの語りを尊重する

自己を語るには，語るための時間と機会が必要である。教師が，子どもの声を「聴く」「待つ」ことで，子どもの語りを保障できる。また，子ども同士の語りをつないだり，子どもと語り合ったりする中で，自己物語がつむがれる機会となる。

3　語り合う

語られた言葉を「聴く」ことで，相手の言葉が自己内に取り込まれる。相手の言葉を自己内で再組織化し，自己の考えや感情を加味して言語化し，相手の考えや感情を踏まえながら相手に語る。この往還運動の語り合いの中で新たな語りが生まれ，自己物語がつむがれる。

4　語り直す

語り合いの中で，子供たちは様々な考えに触れ，対立しながら，自己の考えが激しく揺さぶられたり，一人では到達できない考えに出会ったりする。自分がうまく語れないという状況に直面することで，新たに語ることが明示的な課題となり，自己物語の語り直しが必要となる。そこで初めて，他者の考えが取り入れられ，自己の考えが修正されて，新たな自己の考えが生まれる。その考えの成立の過程を「語り直す」中で，学びの意味や価値が生まれ，自己物語がつむがれる。

Ⅲ　教師に求められる視点

1　作品の解釈は多様で変容するものであるという前提に立つ

文章を読んで解釈するという行為は，推論をしているのであり，その推論は仮説である。例えば，ある作品の定説としての解釈があっても，新資料が発見されたり，文学研究者がより説得力のある新説を唱えたりすれば，定説は覆る。つまり，解釈とは，より蓋然性の高い解釈に出合った際に乗り換えるまでの一時的な据え置きにすぎない。たとえ，作者がある思いや思想をもって作品を書いたとしても，書きながら思いは変容していくものであるし，完成した作品と思いとは既にずれが生じていよう。また，作品が作者の手を離れた後，作者自身が読者として作品を眺めたり，他者の反応を受けたりといった時間軸の中で，作品に対する思いも変容していくものである。作品の書かれた時代と読者の時代との社会・文化的文脈，歴史的文脈とのずれによっても解釈は変わってくる。となると，作品の（現在の）定説たる解釈や教師の解釈を教えることに意味はない。作品の解釈は一つではなく，多様であり，変容するものであるとの前提に立つことが原則である。

2　教師と子どもが主体－主体関係で読み合う

教師は，自身の教材研究をもとにした解釈を教えたり，最終的には定説へ誘導したりして，子どもたちの解釈の可能性をつぶしてしまいがちである。教師と子どもが「主体－客体関係」では，子どもは無条件に教師の物語を受け入れてしまい，揺らぎは生じない。

作品の解釈は多様であるとの前提に立ち，子どもを一人前の解釈者であるととらえ，解釈を創造しあうことを授業の根幹としたい。教師は，知識を伝達する存在ではなく，子どもと語り合ったり，子ども同士を有機的に結び付けたりなど，「主体－主体関係」の中で授業を進める。教師と子どもの両者がともに同じ立ち位置から言葉に出会い，語り，楽しみながら言葉の世界を読み進めていく意識が大切である。

3　教室に「聴く」文化を創り出す

「全ての解釈は一時的な据え置きとしての仮説に過ぎず，絶対的に正しい解釈は存在しない。解釈は常に多様で，変化していく可能性がある。」ということに気付いていくと，子どもたちは，相手の解釈を尊重し「聴く」ようになる。子ども同士の間にも暗黙の内に存在する「主体−客体関係」を打ち破ることで，教室は互いの物語を語り合い，揺さぶられる場であるとの認識が生まれる。「未だ語られていない物語」が引き出され，新たな物語が立ち上がる契機となる。

「聴く」ことの意義として次の４点を挙げる。

① 他者の言葉を自分のものとして取り込むことができる

② 他者の言葉と自分の言葉がつながり，解釈が深まる

③ 自己を対象化でき，新たな気付きや疑問を生み出すことができる

④ よい聴き手の存在が，よりよい「語り」を引き出す

教室に「聴く」文化を形成したい。子どもたちは聴き合うことで，学びが深まり，その意味や価値を実感する。学びの深まりが，さらに聴くことの価値を実感していく。

4　子どもの解釈の更新を奨励する

解釈を聴き合い，交流し合っても，「みんな違ってみんないい」と全ての解釈が許容されるのでは，読みの力は高まらない。自分の解釈よりもより蓋然性の高い解釈に出合った時は，自分の解釈を更新することを積極的に奨励したい。人は自分が一度もった解釈に固執し，なかなか変更しない。前理解を基にした自分の解釈の筋立てに沿い，都合の良い根拠だけで解釈を結論づけ，都合の悪い根拠は意識的・無意識的に目に入れないのである。教室の聴き合う文化の中で，自分の解釈に固執せず，他者の解釈を受け入れる姿勢を会得させていけば，他者の根拠が自分に取り込まれ，自分が一度した解釈が揺らぎ，不安定になる。そこで，それまで自分が無視してきた根拠に着目し，解釈を更新するようになる。自分の解釈を更新する過程は，「読みの力」を高めることになる。

5　語り直しの中で，学びの意味や価値を実感させる

作品や言葉の魅力や価値を教師が押しつけるのではなく，子どもたち自らが気付き，意味づけられるようにしたい。そのために，授業あるいは単元の学びをストーリーとして語り直す中で，子どもたちが，自己の変容をメタ認知できる機会を設ける。相手の物語をくぐった上でさらに離れる「語り直し」の場をもつのである。基本的には，自己の語り直しには，書くことが有効である。気付きは，思考の瞬間的な反応であり，間もなく消え去り，忘れ去られる。気付きを文字言語

化する中で自己の学びに一つの筋立てができ，意味や価値を実感しやすくなる。「今日の授業（単元）で自分の解釈は，どのように変わりましたか。何によって変わりましたか。また，自分にとってこの作品（言葉）の学びはどのような意味や価値がありましたか」という指示で，子どもたちは夢中で書き始める。気付きがどのようなものであったかが自覚されるのである。

6　自己形成を支援することで言葉を獲得させる

言葉は習得されるものではない。獲得されるものである。自身の学びを語り直すことで，「自分がこの作品，言葉によってどのように変わったか」という成長が自覚される。「自分が成長した」と自覚することは，意味世界が豊かになった自己を形成させる。経験を組織化し，意味付ける行為は，人生に意味を与えてくれるものであり，さらに言葉を学ぼうとする意欲につながる。「世界は言葉でできており，言葉によって世界を変えることも自分を変えることもできる」という学びの経験の中で，言葉は真に獲得されるのである。

ヘレン・ケラーは，冷たい井戸の水を「ウォーター」と実感して以降，驚くほどの速さで言葉を学び続けたという。それは単に「水」という単語を理解できたというだけではなく，言葉を獲得することの価値を実感したからであろう。もし，子どもたちが獲得した言葉が，「私を変えたこの言葉」「私を支える一冊」になったとき－それこそが国語授業の醍醐味であり，教師としての至上の喜びであろう。

（川田　英之）

■ 注

i)「レモン哀歌」は「永訣の朝」の影響のもとに創作された。二つの作品を比較し，詩人村野史郎は「二つの挽歌をくらべると，おのずから作者の詩人としての人柄のちがいが，はっきりと浮かび上がって，大変興味があります。光太郎の挽歌は，何といっても名匠の冴えを見せるような名セリフですが，賢治が妹トシを歌ったこの哀歌ときては，歯切れもわるく読みづらく，かりにも愛唱歌といえる代物ではありません。しかし，『レモン哀歌』の，あの名調子が，読者の感傷をさそって擦過するのに対して，賢治の哀歌には，鈍重であるが垂直的に，深く読者の胸にしみこんでいく不思議な迫力がたたえられています。」と述べる。（村野史郎『現代詩入門』潮新書，1971）

ii) 文学作品同士を比較して論じること自体に意味がないとする文学研究者もいる。しかし，国語教育の目的は，言葉の力をつけることであり，文学作品を学ぶことではない。「文学作品で言葉を学ぶ」観点からすると，授業での作品比較は十分可能である。

■ 文献

- 川田英之『自己の「物語り」をつむぐ国語授業－主体的・共同的な言葉の学びをつくる－』東洋館，2016
- 佐藤佐敏『思考力を高める授業　作品を解釈するメカニズム』三省堂，2013
- 鶴田清司『<解釈>と<分析>の統合をめざす文学教育－新しい解釈学理論を手がかりに－』学文社，2010
- 藤井千春『アクティブ・ラーニング授業実践の原理　迷わないための視点・基盤・環境』明治図書，2016

5章 理科を学ぶ意味や価値を見出し、深い学びを実感する授業実践 ～3年「運動と力」の単元を通して～

Ⅰ はじめに

これからの変化の激しい社会に対応していくためには「何を知っているか」だけではなくて、どのように目の前の問題を他者と協力して解決することができるか、そして、いかに生涯にわたって学び続ける意欲を持ち続けるかが求められている。特に学び続ける意欲は、従来のような効率的に知識を、生徒に注入する受身の授業では育まれない。いわゆる、主体的に指導者や他者、教材にかかわることで自己の中で様々な過去の経験や知識を関連づけ、新たな意味や価値を見出し、深い学びとして実感する授業が求められている。例えば、「わかる」「できる」だけでなく、「なるほどそうだったのか」という実感を伴う深い理解のある授業や、「この自然や事物はこんなふうに見るとおしろい」という見方や考え方の変容を自覚できる授業、さらには「もし、この現象をこの原理で説明できるなら、あの現象はどうなるのだろう」という新たな疑問や仮説を生み出せるような授業である。

本稿では上記のことを踏まえ、理科を学ぶ意味や価値を見出し、深い学びを実感するための指導のポイントを第3学年の運動と力の実践で報告する。

Ⅱ 指導のポイント

1 個の文脈（考えや状況、経験）に着目し、学習者が主体的に考え抜くことができる問いづくり

理科を学ぶ意味や価値を見出し、深い学びを実感するためには、学習者が主体になることが大切である。そのためには、全員が考え抜くことができる問いづくりが欠かせない。例えば、「～を調べよう」や「～を考えよう」では、視点が定まらず深く考え抜くことができない。また、「なぜ」、「どうして」など、理由や根拠を問うのは、科学の世界においては大切なことであるが、初めから問われると難く、授業に参加できない生徒もいる。したがって、以下のような点に重点を置いて問いづくりを行っている。

（1）生徒がいずれかの立場（考え）を決められるような問いにする。

たとえ苦手な生徒でも、いずれかの立場を「Aか、Bか？」などと決めることができれば、学習に参加でき、その立場にたって根拠や理由を考えることができ

るからである。

(2) 生徒が科学的な原理や法則、経験などの根拠を踏まえて考えることができる問いにする。

根拠や理由が述べられないまま、結論づけられてしまう問いでは学びが深まらない。特に考察の段階では、科学的な原理や法則、実験結果を踏まえて「～だから～である」と因果関係を明確にして考えられるように吟味しておく必要がある。

(3) 既有の概念や振り返りから、個の文脈を把握し、生徒のつまずきや葛藤が起こる場面を分析しておく。

容易に答えが出してしまうような問いや、難しすぎる問いでは学習者が主体とならない。例えば「斜面を下る物体の速さはどのように変化するだろうか」という問いであると、「だんだん速くなる」という予想は出てくるが、考えが同じ生徒が多いため深まらない。そこで、「斜面を下る物体の速さをグラフに表すとどうなるか」という問いにする。すると、直線的な変化なのか曲線的な変化なのか、あるいは、4種類ほどのグラフを選択肢にあげて、いずれかの立場に立たせてから、考えさせることで、速さの変化の仕方を深く吟味することができ、実験中も「どうなるのだろう」と見通しをもって行うことができる。以下に「運動と力」(15時間) で考案した問いの例を示す。

時	◆学習内容　**Q本時の中心となる問い**
1	◆物体の「速さ」や「向き」 **Q　打った瞬間と打ってからしばらくしたシャトルの速さは、どちらが速いか**
2	◆平均の速さと瞬間の速さの求め方と記録タイマーの使い方 **Q　どちらの犬（100mを15秒、70mを8秒で走る）が速いか**
3・4	◆運動する向きに一定の力がはたらき続けるとき、物体の速さは一定の割合で増加し、その力が大きいほど増加する割合が大きくなる **Q　斜面を下る物体の速さの変化は、どんなグラフになるか、次から選択せよ**
5・6	◆落下する物体の速さも一定の割合で増加し、そのときの変化の割合は最大であることと、空気抵抗がない場合は、すべての物体が同時に落ちる **Q　空気抵抗のない所で、同体積で質量の異なるA、Bの球を落下させると、どちらが先につくか**  空気抵抗を減少した落下実験

時	◆学習内容 **Q本時の中心となる問い**
7・8	◆等速直線運動する条件（力がはたらいていないとき 加える力が摩擦力とつり合っているとき）を理解する **Q Ⓐ摩擦のある平面上で物体を一定の力で引き続け、Ⓑ途中で引くのを止めると、物体の速さはどんなグラフになるか**
9	◆２力のつり合いの３つの条件を理解する **Q 次の物体には2つの力がはたらいているが、この中で物体が動かないのはどれか**  倒れない缶
10・11	◆力の合成と分解の方法を理解する **Q 1. 2人で1つの荷物を持つ際には、2人の距離は離れた方が楽か近い方が楽か** **Q 2. 高い支柱と低い支柱ではどちらの柱が丈夫か**
12	◆慣性の法則を理解する **Q 等速で走行する車の荷台から球を真上にあげた瞬間に急ブレーキをすると車のどこに落ちるか**  実験の説明の様子
13	◆投げ上げ運動の際に物体にはたらく力を見出し、力がはたらいていなくても慣性により物体が運動し続けようとする **Q 真上に上がっている球にかかる力を力の矢印で図示せよ** 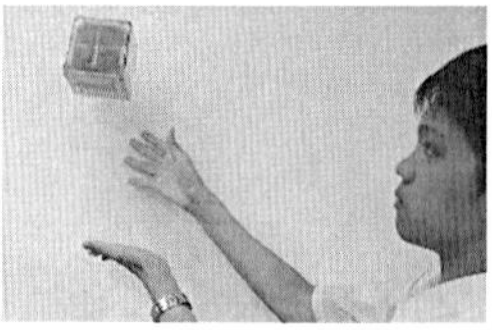 Fi-cube[1]で力を確認する様子
14	◆プラレールの内側を円運動していた球が、レールが途切れた地点から円の接線方向に直線運動する様子を観察し、すべての物体は慣性により等速直線運動しようとすることを理解し、慣性に対する新たな見方や考え方に気づく **Q 円運動していた鉄球は、B地点からどの方向（ア：円に戻る イ：直進する ウ：外に出る）に進むか** 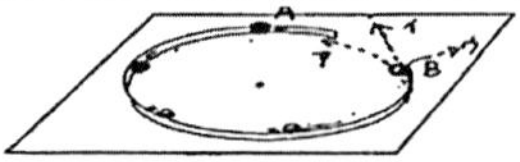 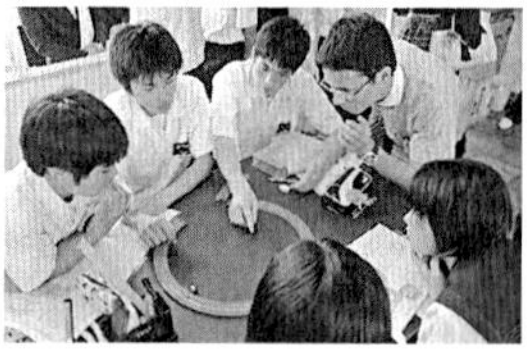 鉄球の行方を何度も確かめる様子
15	◆作用・反作用の法則 **Q 荷台にのったA君が壁を右に押すと、A君はどちらに動くか**

2 生徒が主体的に語り合うことができる教師のかかわり方

人は体験や学習したことをばらばらに記憶するのではない。自分が納得のいくように、ものごとを関係づけて記憶しているのである。また、その記憶は他者と語り合うことで定着する（榎本1999)。他者に理解してもらえるように因果関係を明確にし、筋立てて説明しようとすることで実感を伴う深い理解が得られるのである。このことを踏まえ、主体的に語り合いができるように、次の①～③の工夫を施した。

（1） 科学的な根拠の視点を明確にして予想する

語り合うことを充実させるためには、科学的な根拠を踏まえて自分の考えを述べることが大切である。そこで、科学的な根拠の視点として。「原理や法則」、「事実や体験」、「データ」を学習シートに表示し、いずれかの視点を踏まえながら予想を立てさせるようにした。

（2） クリティカルな視点で聴いたり問うたりできるようにする

クリティカルとは、本校では「よりよい意見を引き出すために相手に聴いたり問うたりする」と定義している。したがって、聴き手は図4の問いの型をもとに根拠について「なぜ？どうして？」と尋ねたり、「例えば？」と具体例を問うたりする。その過程で語り手側にも新たな疑問や気づきが生まれ、双方向の学びは深まっていく。図5は、クリティカルな聴き合い問い合いにより自分の考えの変容を示した学習記録である。

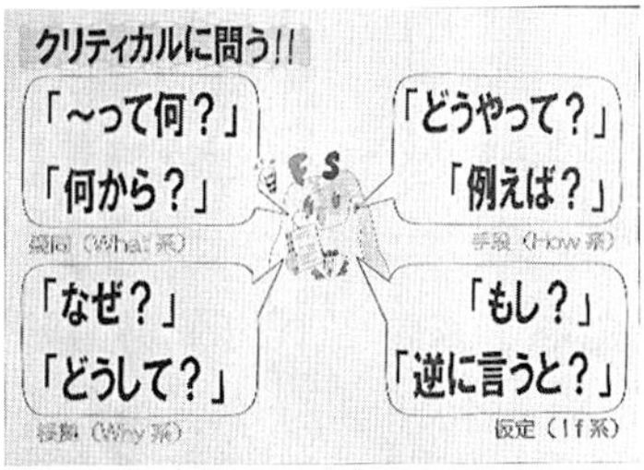

図4　クリティカルな問いの型

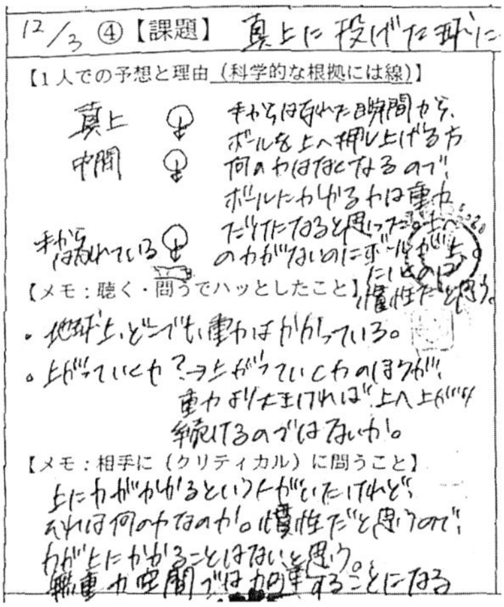

12/3 ④【課題】真上に投げた球に

【1人での予想と理由（科学的な根拠には線）】

真上
中間
手からはなれている

手からはなれた瞬間から、ボールを上へ押し上げる方向の力はなくなるので、ボールにかかる力は重力だけになると思った。上への力がないのにボールが上がったのは慣性だと思う。

【メモ：聴く・問うでハッとしたこと】

・地球上、どこでも重力はかかっている。
・上がっていく力？→上がっていく力のほうが、重力より大きければ上へ上がり続けるのではないか。

【メモ：相手に（クリティカル）に問うこと】

上に力がかかるという人がいたけれど、それは何の力なのか。慣性だと思うので、力が上にかかることはないと思う。
無重力空間では[illegible]することになる

図5　1人→班→全体と考えを深めている学習記録

（3）異なる意見を持つ生徒同士やパネルディスカッションによる交流

班に考え方が異なるもの同士でグルーピングをしておくと、互いの見方や考え方との間に差違が生まれ、一斉に交流をするよりも自然と語り合いがおこる。また、パネルディスカッションも、生徒同士が主体となってかかわり合う場が設定されるので生徒は進んで行う。フロアの質問に対して、パネラーは科学的な原理や法則を踏まえて説明する必要があるので、パネラーはもちろん、やりとりを聴いているフロアまでも気づきが促される。

以下は本単元の「円運動していた鉄球は、B地点からどの方向に進むか（14時間目）」の逐語録であるが、クリティカルな質問（傍線部）により気づきが生まれる様子（波線部）が伺える。

Ｐ：パネラー　Ｆ：フロア　Ｔ：教師

Ｐ１	僕は、そのまま円に戻ると思います。物体は慣性によりそのままの状態の運動をし続けようとするからです。
Ｆ２	そのままとはどういうことですか？
Ｐ１	…そのままというのはB地点に来るまでの運動のことで…ええっと…ぐるぐるっという円運動のことです。
Ｔ	Ｆ１さんよろしいですか？
Ｆ１	…というか。円運動はわかったけど慣性によりそのままの状態と言ってますが、そのままというのは等速直線運動のことじゃないですか？
Ｐ１	…円運動でぐるぐる回っているからその勢いで、そのままの状態で曲がってB地点にきてもレールの中に戻ると思います…
Ｆ２	円運動しているのはレールがあるからで、球は慣性でまっすぐに進もうとしていると思うのですが…
Ｐ１	（沈黙）ちょっ、ちょっと考えます
Ｔ	Pさんの代わりに意見がある人は？
Ｆ３	…はい、例えば車のカーブとかで体が押しつけられるのは慣性により自分は直進しようとするけど、こう（ジェスチャー）車は曲がるから体が押しつけられるように感じるのと同じだと思います
Ｐ１	（沈黙）あ～そのままの状態は等速直線運動のことか。じゃ違う。
Ｔ	何が違うの？
Ｐ１	円運動はレールがあるからで、そのレールがないかとこからは慣性により曲がらないので直進のような気がする…

3　深い学びを実感することができる振り返りの工夫

人は振り返ることによって、自己を見直し、新たな自分を発見することができる。また、納得していないことや、新たな見方や疑問に気づくことで次への学習意欲がわき深い学びを実感する。そこで、その手立ての１つとして、学習記録による振り返りを実践している。単に１時間のみの振り返りではなく、単元を通しての振り返りや、他者からの語りを取り入れた語り直しをOPPシート（堀哲夫氏[2)]）に取り入れ「学びの足跡」と題して、①～③の３つの要素を構成して活用している。以下にそのポイントを示す。

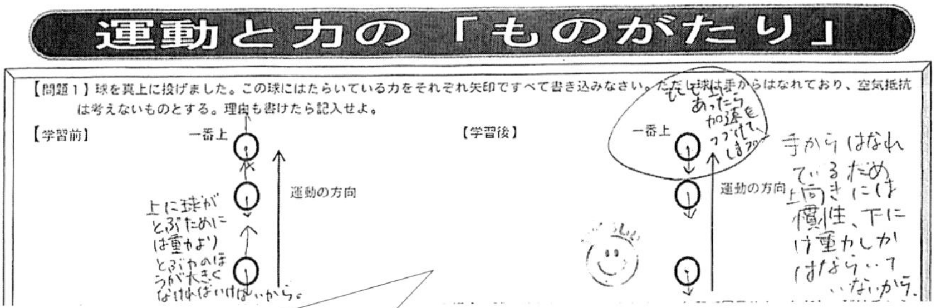

① 単元を貫く本質的な問いを設定し、学習前後での進歩や変容を比較できるようにしている。

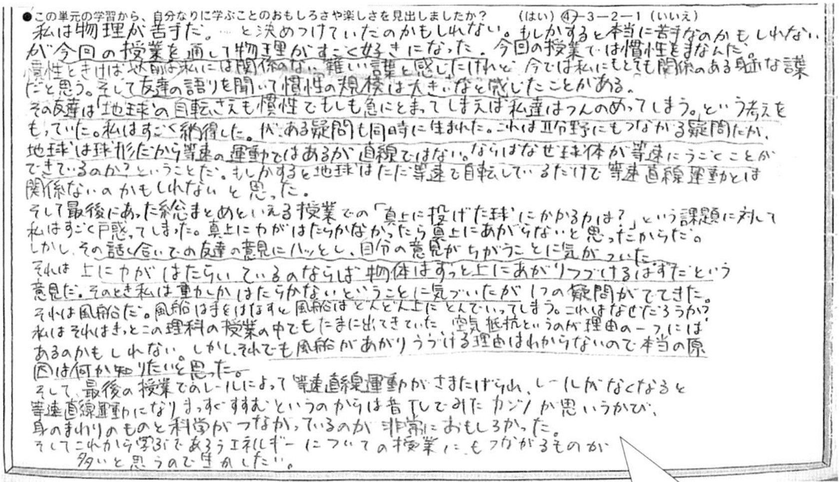
●この単元の学習から、自分なりに学ぶことのおもしろさや楽しさを見出しましたか？　（はい）④－３－２－１（いいえ）
私は物理が苦手だ。…と決めつけていたのかもしれない。もしかすると本当に苦手なのかもしれない
が今回の授業を通して物理がすごく好きになった。今回の授業では慣性をまなんだ。
慣性ときけば以前は私には関係のない難しい課と感じたけれど今では私にもとても関係のある身近な課
だと思う。そして友達の語りを聞いて慣性の規模は大きいなと感じたことがある。
その友達は「地球の自転さえも慣性でもしも急にとまってしまえば私達はつんのめってしまう。」という考えを
もっていた。私はすごく納得した。だがある疑問も同時に生まれた。これはⅡ分野にもつながる疑問だが、
地球は球形だから等速の運動ではあるが直線ではない。ならばなぜ球体が等速にうごくことが
できているのか？ということだ。もしかすると地球はただ等速で自転しているだけで等速直線運動とは
関係ないのかもしれないと思った。
そして最後にあった総まとめといえる授業での「真上に投げた球にかかる力は？」という課題に対して
私はすごく戸惑ってしまった。真上に力がはたらかなかったら真上にあがらないと思ったからだ。
しかし、その話し合いでの友達の意見にハッとし、自分の意見がちがうことに気がついた。
それは上に力がはたらいているのならば物体はずっと上にあがりつづけるはずだという
意見だ。そのとき私は重力しかはたらかないということに気づいたが１つの疑問がでてきた。
それは風船だ。風船は手をはなすと風船はどんどん上にとんでいってしまう。これはなぜだろうか？
私はそれはきっとこの理科の授業の中でもたまに出てきていた、空気抵抗というのが理由の一つには
あるのかもしれない。しかしそれでも風船があがりつづける理由はわからないので本当の原
因は何か知りたいと思った。
そして、最後の授業でのレールによって等速直線運動がさまたげられ、レールがなくなると
等速直線運動になりまっすぐすすむというのからは昔TVでみたカンノが思いうかび、
身のまわりのものと科学がつながっているのが非常におもしろかった。
そしてこれから学ぶであろうエネルギーについての授業にもつながるものが
多いと思うので生かしたい。

② 単元を貫く振り返りを記述することで、題材に対する新たな気づきや疑問を自覚させて次への学びにつながるようにしている。

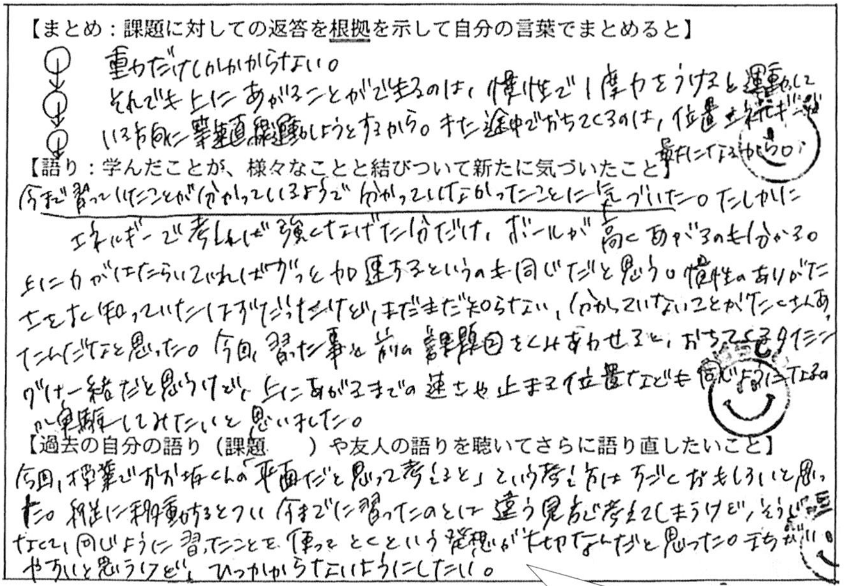
【まとめ：課題に対しての返答を根拠を示して自分の言葉でまとめると】
重力だけしかかからない。
それでも上にあがることができるのは、慣性で1摩力をうけると運動している方向に等速直線運動しようとするから。また途中でおちてくるのは、位置エネルギーが最大になるから。
【語り：学んだことが、様々なことと結びついて新たに気づいたこと】
今まで習っていたことが分かっているようで分かっていなかったことに気づいた。たしかにエネルギーで考えれば強くなげた分だけ、ボールが高くあがるのも分かる。上に力がはたらいていればグッと加速するというのも同じだと思う。慣性のありがたさをよく知っていたはずだったけど、まだまだ知らない、分かっていないことがたくさんあったんだなと思った。今回、習った事と前の課題②をくみあわせると、おちてくるタイミングは一緒だと思うけど、上にあがるまでの速さや止まる位置なども同じようになるか実験してみたいと思いました。
【過去の自分の語り（課題　　）や友人の語りを聴いてさらに語り直したいこと】
今回、授業でカガ坂くんの「平面だと思って考えると」という考え方はすごくおもしろいと思った。斜面に移動するとつい今までに習ったのとは違う見方で考えてしまうけど、そうじゃなくて、同じように習ったことを使ってとくという発想が大切なんだと思った。まちがいやすいと思うけど、ひっかからないようにしたい。

③　課題に対するまとめと振り返りをする欄。自分の変容や学習内容の理解の状況を自覚させ、新たな気づきや疑問が書けるようにしている。時間があるときには全体や班内で振り返りを語り合い、他者の語りからの気づきを記入できるようにしている。

Ⅲ　おわりに

深い学びを実感する授業づくりには、自然事象のおもしろさや不思議はもちろん、新たな見方や考え方に気付かせ、新たな疑問や仮説を生み出す仕掛けが大切である。例えば、今まで意識していなかった現象を力の矢印で考えたり、当たり前の現象に対して「慣性の中に自分は生かされているのだ」という新たな見方や考え方を実感したりすることである。特に個の文脈の見とりには時間を費やすが、実践の積み重ねから生徒が夢中になって語り、深い学びを実感するためには欠かせない手立てだと考えている。以下に本単元を通した振り返りの一部を示す。

（若林　教裕）

●この単元の学習から、自分なりに学ぶことのおもしろさや楽しさを見出しましたか？　（はい）④―3―2―1（いいえ）

ぼくが、一番苦手な単元は、この力である。1年生のときからずっと苦手だった。けれども、この単元を克服することができたような気がする。まず、物体を手で上に投げるときにはたらく力について。最初ぼくは、上向きの力をかいていた。でも、上向きの力がはたらいていると、加速し続けてしまう。だから、重力のみはたらいていることが分かった。そして、物体が上に行くのは、物体が上に行こうとする慣性が原因だということも同時に分かった。今思うと、この世の中は、慣性にみちあふれている。車の急ブレーキ、電車の急停車、テーブルクロス、こしょう……などである。慣性といえば、もう1つのレールの実験である。これも最初はどうなるのかよく分からなかったが、いろいろな人の意見を聞いて、レールからはなれた物体は、どこからも力がはたらいていないことになるので、そのままの方向で等速直線運動をしているから、まっすぐそれるんだなということがわかった。また、このしくみは、運動会のカーブより直線のほうが走りやすいという、当たり前のようなことにもつながっていて、理科の世界が少し広がった気がする。でも、これにより、新たな疑問が生まれた。鉄棒とかで坂上がりをしているとき、どんな力がはたらいているのか？自分が足から力を受けてくるっと回るのは、慣性がはたらいているのか？

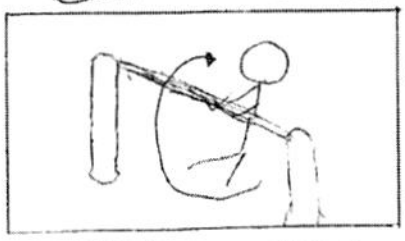

でも、慣性の法則は、その方向に等速直線運動するということなので、やはり慣性ではないのか？それとも、重力以外のほかの力がはたらいているのか？でも、空気中にいるときには重力以外の力を受けない。だとしたら、手になんらかの力がはたらいているのか？手がついているから、空気中にはいないということになるから、これがいちばん妥当か？でも、手だけの力じゃ、坂上がりはできない。だとしたら、やはり慣性が……。それとも、位置エネルギーや運動エネルギーなどのエネルギーが働いているのか？とにかく、これが説明できるようになりたい。

この力の勉強は、自分たちの身近なことに次々と疑問を持たせてくれたものだというように感じました。◎

■ 文献

1）伊東明彦･渡辺一博「力の学習を支援する力表示器『Fi-cube』の製作と授業実践」宇都宮大学教育学部紀要，第59巻，第2部，pp.13－26，2009.

2）堀哲夫・進藤聡彦・山梨県上原市立厳中学校『一枚ポートフォリオ評価　中学校編』日本標準，2006.

・香川大学教育学部附属坂出中学校『「学ぶこと」と「生きることを」つなぐ「ものがたり」－個が響き合う共同体をめざして－』美巧社，2016.

6章　あらためて、『ナラティヴ・エデュケーション』を問う

Ⅰ　再び、「ナラティヴ」とは何か？

1　ナラティヴ（物語り）という心的機能

「ナラティヴ（物語り）」とは、人生や体験に意味を与える枠組みであり、そのような心的機能のことである。人生の体験やできごとは、「データ」や「値」によってではなく、それらを線で結びつけることによって意味的に理解され（ナラティヴ）、それが認識の基礎となる。自分とはこのようなものである。○○でなければならないという「ドミナントな（支配的な）ナラティヴ」によって感じ方や考え方は硬直化しがちである。「オルタナティヴな（選択的な・潜在的な）ナラティヴ」は、その人に抑圧され、捨て去られ、意識されない状態となっている。オルタナティブなナラティヴは、その人固有の感じ方やイメージであり、現在のドミナント・ナラティヴの影に隠れてしまってはいるが、その人の一部であり、「影」として潜在的に存在するが、捨て去られて意識されてない場合が多い。ナラティヴは、その人の自己認識を規定するので、自己のナラティヴの捉え方がかわることは、その人の未来を変えることになる。従って、ナラティヴに着目することは、未来を生きる力を育てることとなる。

2　オルタナティヴなナラティヴを「語る」こと：「語る」ためには、「語る場」と「聴き手」が必要

ドミナントなナラティヴではなく、オルタナティヴなナラティヴを見つけることによって、これまでとは異なった側面・意味がみてくる。個性が見えてくる。自分の気持ちを含めた考え方など内面に焦点化することで、「主体性」が生じてくる。さらに、自己のナラティヴに納得いかないこと、わからないことがでてくると、調べたり、尋ねたり、語り直しをする。「自発性」「創造性」の発生がある。さらには、わからないことを知るために、他の人の考え方や発想や考え方への「(他者への）傾聴」が生じてくる。知らないからこそ傾聴する。他者の意見を傾聴して、未知の考え方や感じ方を共有することで「つながり」が発生してくる。他の人の考え方や発想が加わることによって、あらたなナラティヴが生じてくる。新たに見えてきたナラティヴは、曖昧であり、可能性をもっていはいるが、矛盾に満ちている。問題意識と言える。その自己のナラティヴの疑問の解消

にむけて、考え・語り合う「共同性」が生じてくる。自分だけでは解消できないゆえに、他者に教えてもらおうと感じる。それらの活動の結果、オルタナティブなナラティヴは、ドミナント・ナラティヴを相対化する。「個性化」と「共同化」を同時に生む。

3　ドミナントなナラティヴとオルタナティヴなナラティヴの関係性

一般的に私たちは、ドミナントなナラティヴが優勢な考え方を占めがちである。例えば、「よい子」であることが良いことだ、自己主張はあまりしない方が良い、周囲の意見に従うべきだなど。これら日本的なドミナントなナラティヴは私たちの言動を支配しがちである。そのような考え方は、ある面、適応的であるが、創造的ではない。また、一般的ではあるが、面白みはない。協調的ではあるが、独創性や主体性には欠けてしまう。事なかれ主義になりがちである。よい子は良いのか？と問われると、良いことだともいえるし、それは面白くないとも言える。従って、この「問い」に対する議論は膠着してしまう。このような「問い」かけは、ドミナントなナラティヴの枠を出ていない。結論が見えているのである。あるドミナントな価値観の場では、その文脈において「良いこと」は「悪いこと」とは言いにくい。

このような場を面白くするのであれば、オルタナティヴな（選択的な、潜在的な）ナラティヴに目を向ける必要がある。それぞれが自己の内に持っている、独特な経験や感じ方である。それを、オルタナティヴなナラティヴとする。さらに、児童生徒の深層には、もっと他の潜在的なオルタナティヴなナラティヴもあると考えられる。

従って、以下のようなモデルが想定できる。

その社会や集団においてのドミナントなナラティヴが優勢である以上、新しい考え方や発想は湧きにくいし、その考え方が普通として捉えられている。多くの場合、新たな気づきは生じにくい。自分の感じ方の“語り”を受けてくれる“聴き手”がいない場合、それ以上、“語る”こともない。そのような状態・関係性では、主体性や創造性は発生しにくい。

したがって、ドミナントなナラティヴは、その人の人生や考え方を支配しているといってもよい。その人が見る風景や世界、会話は、常識的ではあるが、面白みや色彩に欠けるであろう。

しかし、その人の奥に眠る、これまでは忘れ去られてきたオルタナティヴなナ

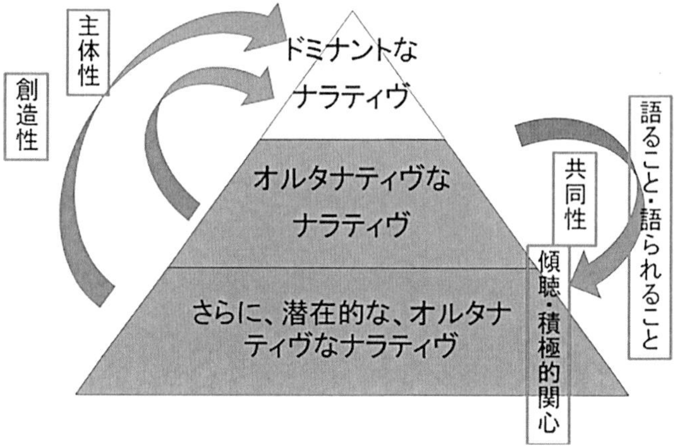

図６　ドミナントなナラティヴとオルタナティヴなナラティヴの関係と主体性、創造性、共同性の発生機序

ラティヴに目を向けはじめると、その人の世界の見え方が変わってくるであろう。例えば、よい子であるために、傷つき我慢してきた自分の声が聞こえてきたとしよう。その声は、誰でもないその人自身の一部であり、ドミナントなナラティヴと同様に大切に扱われる必要がある。このような、ドミナントなナラティヴと、オルタナティヴなナラティヴに気づくことで、新たな自己の意味が生成されてくる。このようなナラティヴの質的転換のためには、聴き手が必要である。語ることと、語られることによって、語る人と聴き手の存在によって、オルタナティヴな語りが生成されてくる。

さらに、社会学者の浅野 (2001) は「『私』は、自己物語を通して生み出される」「自己物語は語りえないものを前提にし、それを隠蔽する」と説明した。つまり、自己物語とは、「人が自分自身について語る物語」のことであるから、「私が私について語る」という構造をとる。従って、登場人物としての〈私〉と、語り手の〈私〉という二重構造を持っている。その二つの〈私〉の間にある「語り得なさ」が現れてきて、自己物語の書き換えが生じてくる、とした。このように、〈私〉の生成に関わる自己物語の発生機序を説明している。

心理療法やカウンセリングの“クライエント-カウンセリング”の間においても、同様の現象が生じている。

4　ナラティヴにおいて「主体性」、「創造性」はなぜ生じるのか？その発生機序について

オルタナティヴなナラティヴはその人がそれまで自己の喪失した「影」のような内容であり、抑圧されて続けてきたコンプレックスのようなものでもある。しかし、その部分を語れば語るほど、それは紛れもない自己の一部であることが自身に迫ってくる。語ることによって、それらを含めた、自己形成の再統合（発達や成熟）が生じてくる。語れば語るほど、気づきが生じ、それに突き動かされるように、疑問を自らに問う。

オルタナティヴなナラティヴに目を向け始めた際に生じてくる、自発性、そして、ドミナントではないゆえの「独自性」「創造性」を促進することが見えてくる。「独自性」や「創造性」とは、単なるストーリーではなく、その人自身の独自の人生そのものから抽出されてくる。しがたって、その人の人生を大切に取り扱うことによって、気づきや新たな発想が生まれてくる。

つまり、一人一人の差異（オルタナティヴなナラティヴ）への主体性こそが、創造性を生み出す。自分自身を受け入れること（自己受容感）や“自己効力感”を高めることにもつながる。

5　「語り手」と「聴き手」の関係によって、なぜ、「共同性（協働性）」が生じるのか？　“語り場”の重要性と“傾聴”の発生について

さらに、「語り手」と「聴き手」の内には、何が生じているか？についてである。語り手は、自己の内に眠っている自己の断片をみつめながら語り始めて、自己内対話が生じてくる。聴き手は、自分のドミナントなナラティヴとは異なる新たな発想や考え方を知り、自分の視野が広がるであろう。聴き手の他者理解が深まるであろう。語り手にとっては、自己の語りを尊重されたという経験であり、聴き手にとっては、人間理解の深い気づきを生む。そして、聴き手もまた、語り手となって、自己のオルタナティヴなナラティヴを語り始めるであろう。聴き手が、語り手として動き始める。語り手の語りに多様な影響をうけながら。

聴き手は、語り手の発想（オルタナティヴなナラティヴ）に対して、そのストーリーに関心が高まるので、「もっと知りたい」と積極的な関心がうまれ、さらなる「潜在的なオルタナティヴなナラティヴ」への「積極的傾聴（アクティヴなリスニング）」が生じてくる。「傾聴」は、ナラティヴへの関心から生じてくる。

このように、互いのナラティヴを率直に語り合う場、「語り場」の発生によって、語りながら相互に影響しつつ自己変容していく。「語り場」という構造があることで、語り手と聴き手は相互入れ子状態になりながら、互いを尊重する「共同的な関係性」を生んでくる。その共同性は、“協働”へとつながってくる。

Ⅱ 「ナラティヴ」×「エデュケーション」に迫る

1 「ドミナントなナラティヴ」を“超える”ための4段階

ナラティヴの考え方を、教育や授業にどのようにいかすのか？　多くの児童生徒が「ドミナント・ナラティヴ」に支配されていると考えられる。その場を読んで、自分の感じ方ではなくて、よい答えを意識している。その状況の中で、班活動での話し合いをさせると、アクティブなラーニングではなくて、ドミナントな考え方のやり取りで終始しかねない。ドミナントなナラティヴがそのグループで優勢である場合、一般的で当たり障りのない意見、内省・深さの不足、傾聴の不足となってしまう。落としどころ（ドミナント）を、超えることができない。したがって、子どもたちの内に眠る言葉になっていない、気づいてもいないかもしれないオルタナティヴなナラティヴを、引き出す必要がある。

オルタナティブなナラティヴを引き出すためには、教師にはどのような姿勢が必要であろうか？　児童・生徒には、ドミナントではなく、予想できない展開のなかで、生きた活動（ヒア＆ナウな活動）が生じてくる必要がある。ドミナント・ナラティヴを、どのようにして、アクティヴなナラティヴに転換するのか？　そのためには、教師にはどのような姿勢や覚悟といえるものが必要であろうか？

次の、４段階のモデルが考えられる。

【第１段階】「引き出す」ための場づくり

・テーマや問題に関する「ドミナントなナラティヴ」を語らせる。
・子どもたちは、その問題をどのように構成しているのか？　共有する。
・教師の「無知の姿勢」により、さらなる「オルタナティヴなナラティヴ」の発言を可能とする。
・安全で自由な発言と傾聴ができる場づくりに力を入れる。

【第２段階】「仕掛ける」

・教師の「無知の姿勢」で、子ども達に、授業の主体性を委ねる。

・オルタナティヴなナラティヴが活性化
・語り合いによる、オルタナティヴなナラティヴへの深まり
・オルタナティヴなナラティヴをとりあげて、さらに活性化する「仕掛け」「問い」を設定する。
・「仕掛け」によって、新たなナラティヴが子どもたちにはっきりと共有されて、新たな認識や学びにむけての自己活動やグループ活動が生まれる。
・それぞれのオルタナティヴなナラティヴが活性化される中で、一人一人の自己物語りの賦活が生じてくる。

【第３段階】「語り場」の発生
・自己のオルタナティヴなナラティヴの「語り」がはじまる。
・自身が自分について無知であることの気づき
・無知であるからこそ、自己と他者への「傾聴」がはじまる。
・未知のナラティヴを乗り越えるための語りの共同的場（語り場）の発生。
・「語り場」による活動の持続とさらなる展開へ

【第４段階】「語り直し」による気づき・明確化、自己物語への取り入れ
・オルタナティヴなナラティヴが、仕掛けによる「経験」をスルーする。
・語りなおしによる、「経験」の自己への意味づけ。
・オルタナティヴなナラティヴが、ドミナントなナラティヴを相対化する。
・オルタナティヴな自己への気づき、自己物語（自己のナラティヴ）への取り入れ、個性化・統合化。

２「ナラティヴ」を引き出す授業づくりとは？

それでは、教師には、どのような授業づくりの視点が必要であろうか。次のようなポイントがあった。
・安全に自己を表現できる場づくり
・「無知の姿勢」：教師は知らないという姿勢
・児童生徒のナラティヴは、児童生徒自身が持っている。（スチューデント・センタード・アプローチの発想、児童生徒の自己成長の可能性への信頼。）
・オルタナティヴ・ナラティヴが生成されてくる「仕掛け」を「仕掛ける」。
・児童生徒主導への転換：教師はナラティヴの「傾聴」や支持を中心に行う。寄

り添うことに力点を置く。

・生徒Aのナラティヴ　×　生徒Bのナラティヴ　＝異なることからの自己への気づき、新たなナラティヴの生成、語りあいによる共同性の形成にむける。

・「語り場」の発生（場の構造が、語り合いの持続を可能とする）

・「語り切れない自分」を探し始める。自己の語りと、他者の語りへの傾聴による、「自己内対話」の発生。語ることによる自己形成・自己への気づきのはじまり。

・教師にとっても、初めて聴く生徒のナラティヴが語られたり、教師でさえも予想できないナラティヴ（ドラマ）の展開がある。その言葉の真意に傾聴して、そのイレギュラーを授業にとりいれて、味方に付ける。

・教師に求められる力・人間観：

ア　無知の姿勢：教師は知らないことへの“純粋性”

イ　多様な発言に耳を傾けられる成熟性。多様なナラティヴを認めつつ、それを授業展開に持ち込める柔軟性。

ウ　生徒一人一人のナラティヴをその生徒の内的世界の成り立ちとして、そこにある感情体験（葛藤や苦悩）も含めて認識できる共感性。

エ　生徒のナラティヴの発生と継続、語り合いを維持する「寄り添い」力。

オ　生徒が主人公になれる舞台設定力（舞台監督・黒子として機能する）。

カ　児童生徒中心の自己成長を信頼して、生徒の主体性にゆだねる人間観（スチューデント・センタード・エデュケーションの発想）。

（竹森　元彦）

■ 文献

浅野智彦　2001　自己への物語論的接近　家族療法から社会学へ　勁草書房

早川正祐　2009　ナラティヴ・セラピーとケア　－当事者の物語の重視とは何か－　東京大学大学院人文社会系研究科・文学部哲学研究室応用倫理・哲学論集（4）pp.83－97

おわりに

平成28年10月にはじまった“ナラティヴ”という概念を用いた授業実践理解という取り組みを、香川大学教育学部附属坂出附属中学校による「ものがたり」に着目した教育の成熟の中に位置づけることができたことは、とても幸運であった。

現在の医療にみられる、エビデンス・ベースド・メディスンと、ナラティヴ・ベースド・メディスンという二つの医療のパラダイムが重視されているように、教育のエビデンスを明らかにする重要性と共に、教育の質を問うことが、さらに求められるであろう。授業での児童生徒との瞬間、瞬間の関わりの中に、児童生徒の“生きてきたすべて”が内包されている。問いかける自己の感覚、ナラティヴの内容、ナラティヴに含まれる葛藤のあり方は、ナラティヴが生き生きと語られるほど、その児童生徒の内的世界を描き出してくる。

それは、私の専門領域である心理療法やカウンセリングでも全く同じである。その瞬間、瞬間に、クライエントとカウンセラーの間に、日常生活での関わりや考え方が再演されてくる。語られた内容だけではなく、その背景にあるその人の歴史に常に着目して、クライエントの全体性を理解することが必要なのである。

そのような瞬間、瞬間の心の動きと瑞々しさ、児童生徒の可能性に着目した“ナラティヴ”のモデルを用いると、授業での関係性のなかに、児童生徒の生活すべてが含まれるとして捉えることもできる。そのような、子どもたちの未来を規定するナラティヴを、授業の中で取り扱い、クラスの仲間と受け止め合うことができる。心理療法で言う「トリートメント」が可能となるように思う。そのように考えると、教室という場や授業を通して教師が行えるいじめや不登校への有効な視座となるであろう。

定期的な研究集会において素晴らしい授業実践を快く見せていだき、私を受け入れて下さった香川大学教育学部附属坂出中学校の副校長先生や教頭先生をはじめとして、先生方、私の研究室まで何度も足を運び共に考えて下さり、6章の内容を何度も議論させていただいた同中学校の山城貴彦先生、この度の実践をナラティヴの観点からわかりやすくまとめてくださった附属高松小学校の河田祥司先生、綾上中学校の川田英之先生、附属坂出中学校の若林教裕先生に御礼申し上げます。先生方の実践をクロスすることで、教科や小中を超えてナラティヴの概念をもちいて説明できる可能性を示唆いただけたと思います。

臨床心理学を専門とする香川大学教育学部の山田俊介教授、橋本忠行准教授にもコメントを頂き、私のすすむべき「臨床心理学」と「教育」の融合の可能性を理論的にも支持頂いたように思います。

私は、心理療法やカウンセリングを専門としているので、ナラティヴ・セラピーという概念が、学校現場や授業展開への適応がどの程度、有効なのかについて、正直よく実感がもてず、当初は足元がおぼつかなかった。その不安を解消するために、ナラティヴによる授業過程における解釈を、各先生方に何度もお話しして、その適応を確認させていただいた。まさに、“無知の姿勢”による“共同性（協働性）”の発生であったと思う。

しかし、むしろ、授業過程における教師と生徒の関係性、生徒と生徒の関係性の“質”を読み解くことや、そのダイナミックスにみられる、自発性、創造性、共同性、傾聴の発生についての説明概念としても、心理臨床の言葉や考え方が大変有効であると実感した。

香川大学教育学部伊藤裕康先生におきましては、お忙しい中、ご助言下さったり、２章にて、これまでの附属坂出中学校の実践の歴史や要点をまとめてくださり、ありがとうございます。

この本は、「ナラティヴ・エデュケーション」という言葉を用いた、日本でも唯一の指南書であると思います。その意味で、この考え方は、まだ出発の緒についたばかりです。

この入門書を読み、ご参考下さり、「ナラティヴ・エデュケーション」の観点から、ご自身の授業・教育実践を読み解くような取り組みがさらになされることを心から祈っております。

なお、本書刊行は、香川大学教育学部の「学部・附属共同研究プロジェクト」の経費によるものです。ここに記して深く御礼申し上げます。

平成29年3月20日

香川大学教育学部教授
竹森　元彦

執筆者・研究協力者

竹森元彦

香川大学教育学部教授。香川県高松市生まれ。臨床心理士。臨床心理学，心理療法やカウンセリングを専門とする。精神科・神経内科クリニックでの心理相談をはじめ，スクールカウンセリングの研究，児童養護施設での被虐待児への支援などを行う。最近は，地域コミュニティ支援も積極的に行っている。心理療法やカウンセリングによる個々の子どもたちや家族の支援から得た知見を，授業場面や教育場面に活かすことを考えている。『ADHDの小１男児と保護者と学校全体を統合的に支援したスクールカウンセリングの１事例』（H24，心理臨床学研究第30巻１号，日本心理臨床学会），『コミュニティにおけるカウンセリングの内部性と外部性の概念と包括的機能』（H24，香川大学教育学研究報告第Ⅰ部第138号）など多数。（はじめに，第１章，第６章，おわりに）

伊藤裕康

香川大学教育学部教授。社会科教育，地歴科教育，生活科教育，総合的学習論，道徳教育，教師教育，校長講話構成法，ESDの研究を行う。最近は，物語構成学習論の体系化，水を基軸としたESDの授業構成，社会科教育と道徳教育の在り方に研究の関心がある。編著に『未来への扉を拓く道徳教育』美巧社，『社会への扉を拓く－あなたとつくる生活科・社会科・総合の物語－』美巧社。単著に『憧れ力を育む授業の構想－とびだせ生活科！地域へ！未来へ！総合的な学習へ！－』溪水社，『学ぶよろこびに迫る　社会科授業づくりと教員の力量形成』溪水社，『「提案する社会科」の授業５　出力型授業づくりへの挑戦』明治図書他。共著に『もう一つの「地理」』溪水社他多数。（第２章）

河田祥司

香川県高松市生まれ。香川大学教育学部附属高松小学校教諭。観光立国教育観光庁長官賞（最高賞），子ども観光・まちづくりPR映像大賞総務大臣賞（最高賞）ほか受賞歴多数。共著に『シビックプライド２【国内編】』（宣伝会議），『教育と行政とが連携するまちづくり』（日本加除出版），香川大学教育学部附属高松小学校『創る－２領域カリキュラムで子どもが変わる！教師が変わる！』（東洋館出版）ほか多数。（第３章）

川田英之

香川県善通寺市生まれ。綾川町立綾上中学校指導教諭。単著に『自己の「物語り」をつむぐ国語授業－主体的・共同的な言葉の学びをつくる－』（東洋館），共著に『アクティブ・ラーニングを位置づけた中学校国語科の授業プラン』(明治図書)『ビジュアル・ツールで国語の授業づくり－思考力を育てる10のツール－』（東洋館）『特別支援の子どもの言語力をどう育成するか－スクリーニングテスト出題の実例とバイパス教材による指導のヒント－』（明治図書）他多数。第13回ちゅうでん教育大賞受賞。(第４章)

若林教裕

岡山県南区灘崎町生まれ。香川大学教育学部附属坂出中学校教諭。東レ理科教育賞文部科学大臣賞受賞（H25），文部科学大臣優秀教員受賞（H28）東書教育賞優秀賞受賞（H28），ウチダ洋行発明考案品奨励賞受賞（H28）。ソニー子ども科学教育プログラム奨励賞受賞（H24）。共著は『「学ぶこと」と「生きること」をつなぐものがたり～個が響き合う共同体をめざして～』(美巧社)（第５章）

研究協力者

香川大学教育学部

教　授　山田　俊介　　　准教授　橋本　忠行

香川大学教育学部附属坂出中学校

副校長　小林　理昭　　教　頭　大西　光宏　　研究主任　山城　貴彦

大前　和弘	大西小百合	髙岡　加苗	池下　香
鷲辺　章宏	明田　典浩	渡辺　宏司	三宅　健司
渡邉　広規	大和田　俊	伊賀　梨恵	石川　敦子
三浦　宏紀	堀田　真央		

ナラティヴ・エデュケーション入門

2017年 3月20日　第１版発行
2020年 2月 1日　第２版発行
2022年 1月20日　第２版第２刷発行

編著者　竹森《たけもり》　元彦《もとひこ》

発行所　株式会社 美 巧 社
〒760 - 0063　香川県高松市多賀町1-8-10
TEL　087-833-5811　FAX　087-835-7570
印刷・製本　株式会社 美 巧 社

ISBN 978-4-86387-111-3　C1011